立命館大学産業社会学部創設50周年記念学術叢書

現代社会理論の変貌

―― せめぎ合う公共圏 ――

日暮雅夫／尾場瀬一郎／市井吉興
[編著]

ミネルヴァ書房

立命館大学産業社会学部創設50周年記念学術叢書
刊行にあたって

産業社会学部長　有賀郁敏

　21世紀に入り15年が経過した現在，日本社会は混迷に満ちたアポリアに陥った感がある。一部多国籍企業の業績向上，資産家の富の増大とは裏腹に，個人消費をはじめとする実体経済は停滞し，中小企業の経営は冷え込みと悪化を余儀なくされ，非正規雇用の増大，子どもの貧困率の上昇，介護事業所の倒産等，いわゆる貧困と言われる数値がOECDの統計に照らしてみても悪化し続けている。東日本大震災と東京電力福島第1原子力発電所事故によって甚大な被害を被った地域は，被災者の必死の努力と多くのボランティアによる支援にもかかわらず，人々の暮らしや生業が元の姿を取り戻したとは言い難い。こうした富をめぐる非対称性はグローバル資本の動向抜きには説明できず，今や日本社会の細部にまで浸透しつつある新自由主義の猛威を前に，状況はわれわれに学問的対応を要請している。

　産業社会学部は新幹線が開通し，アジア初のオリンピックが東京で開催された翌年の1965年4月に創設された。人々の生活視線が新時代の象徴である東京タワーのように天空高く上向いていた，高度経済成長の時代である。しかしこの時代は，成長の光とともに影，すなわち新しい社会問題と病理を生み出した。産業社会学部は，これら新たな問題の解決を迫られた時代状況に敏感に応えるべく，社会学をはじめ経済学，政治学等，社会諸科学を総合し，ディシプリン相互の共同性を重視した学際学部として誕生したのである。現在，産業社会学部は「現代社会」，「メディア社会」，「スポーツ社会」，「子ども社会」，「人間福祉」の5つの専攻を有する学際学部として不断の発展の道を歩んでおり，グローバル化に対応する斬新な教学プログラム，多彩なPBL・アクティブラーニング，学外に網の目状に張りめぐらされた社会的ネットワークを活かしながら，課題に直面している人々や組織と有機的に連携し，平和にして豊かな社会

の発展を目指し学問研究に取り組んでいる。

　本年（2015年），学部創設50周年を迎えるに際し，学部教員による自由闊達な共同討議をふまえ，学際学部に相応しく専攻を横断する執筆陣により，本学術叢書の各巻が編まれることになった。すなわち，社会学のみにとどまらず，政治経済や教育，福祉，スポーツ，芸術といった多岐にわたる教員構成，互いの領域の知見を交換しあう場の創出を可能とする産業社会学部ならではの特長を生かした学問的営為の結晶である。各巻には，それぞれ具体的なテーマが設定されているが，そこにはアクチュアルな理論的，実践的な課題に真摯に対峙してゆく「現代化，総合化，共同化」という，学部創設以来の理念が通奏低音のように響いており，それゆえ本学術叢書は現代社会における複雑にして切実な課題を読み解き，解決するうえで貢献するであろう。産業社会学部の学問がどのように社会状況へ応答しているのかを知っていただくとともに，読者の皆様からの忌憚のないご意見を，学部のさらなる将来への糧とさせていただきたいと願うものである。

　「ミネルヴァのふくろうは，たそがれ時になってようやく飛びはじめる」。このヘーゲルの言葉は，現実を見つめ，知的反芻を積み重ねたうえで，時代の進むべき道筋を照らし出そうとする産業社会学部を象徴しているようにも思う。その意味で，本学術叢書がミネルヴァ書房より刊行されたことは大変意義深いものがある。ここに記して感謝申し上げたい。

現代社会理論の変貌
──せめぎ合う公共圏──

目　次

刊行にあたって

序　章　現代社会理論と公共圏……………………………………………1
　　第1節　公共圏の問題設定……………………………………………2
　　　　（1）複数化し複雑化する公共圏　2
　　　　（2）公共圏と社会の諸問題　4
　　　　（3）日本における公共圏　6
　　第2節　本書の構成……………………………………………………7
　　　　（1）現代社会理論の分析　8
　　　　（2）現代社会理論と各フィールド研究　10

第1章　ホネット『自由の権利』における「社会的自由」の境位……15
　　　──歴史における社会闘争の意義──
　　第1節　『自由の権利』における「規範的再構成」の方法と社会闘争の意味
　　　　……………………………………………………………………16
　　第2節　3つの自由モデルと「規範的再構成」……………………20
　　　　（1）否定的自由　20
　　　　（2）反省的自由　21
　　　　（3）社会的自由　22
　　第3節　社会的自由の3つの領域……………………………………25
　　　　（1）「パーソナルな関係の領域」　25
　　　　（2）「市場経済の領域」　26
　　　　（3）「政治的公共圏の領域」　27
　　第4節　ホネット社会的自由論への評価……………………………30
　　第5節　ホネット社会的自由論の今後の展開可能性………………34

第2章　政治的ヘゲモニーから知的・道徳的ヘゲモニーへ…………39
　　　──グラムシ『獄中ノート』におけるヘゲモニー論の諸相──
　　第1節　ヘゲモニー論へのプレリュード──政治的指導の契機と文化的

　　　　指導の契機……………………………………………………………40
　　　（1）ヘゲモニー概念——ボッビオとジェルラターナの見解を中心にして　40
　　　（2）ヘゲモニー概念の重層性と総体性　42
　第2節　『獄中ノート』におけるヘゲモニー論の変容
　　　　——Q1§44A草稿への加筆修正問題をめぐって………………44
　　　（1）指導と支配の区別と連関　44
　　　（2）政治的指導から知的・道徳的指導へ　46
　　　（3）階級概念から社会集団の概念へ　48
　第3節　ヘゲモニー論の理論的意義・実践的意義
　　　　——有機的ヘゲモニーと自発的・能動的同意……………………50
　　　（1）国家＝強制の鎧を着けたヘゲモニー　50
　　　（2）経済主義批判としてのヘゲモニー論　52
　　　（3）内的ヘゲモニーと外的ヘゲモニー　54
　　　（4）問題提起——ヘゲモニー論のさらなる発展のために　57

第3章　「労働すること」と「仕事すること」……………………………63
　　　——「世界疎外」の時代に抗して——
　第1節　「労働」と「仕事」の定義………………………………………64
　第2節　「労働」と「仕事」の曖昧化……………………………………67
　第3節　近代における「労働」観の反転と「世界疎外」の進行………71
　第4節　「社会的なもの」の膨張と「増殖的な労働」…………………74
　第5節　「世界」の再構築にむけて………………………………………77
　第6節　労働・仕事・活動のバランスを取り戻すために………………80

第4章　ディシプリンとしての経済学と制度アプローチの学際的
　　　可能性………………………………………………………………85
　　　——レギュラシオン学派の言説から——
　第1節　学際的視点から見たその核心……………………………………86

v

第2節　行為とその活動諸空間……………………………………87
　　（1）社会的多面性と再生産という基本認識　87
　　（2）活動空間・単位ならびに社会的調整の多元性　88
　　（3）再検証——行為とその空間をめぐって　91

第3節　レギュラシオン学派をめぐる日本での受容と展開…………92
　　（1）市民社会論との接合——平田清明の試み　92
　　（2）「企業主義」社会としての日本社会　96
　　（3）今日的検証——時代特殊性と日本社会への認識　97

第4節　学際的対話とその方向性，将来性をめぐって……………100
　　（1）新たな分析領域とそのロジックの必要性　100
　　（2）「生」を描くという目的でのもう1つの可能性　101

第5章　空間，文化，運動……………………………………105
　　——カルチュラル・スタディーズと空間の社会理論のために——

第1節　カルチュラル・スタディーズから空間の社会理論へ………105
　　（1）カルチュラル・スタディーズにおける「構造」　106
　　（2）「構造」から空間の社会理論へ　107
　　（3）空間論への展開　109

第2節　空間の社会理論………………………………………110
　　（1）ルフェーヴルと「空間」の問題　110
　　（2）社会空間　111
　　（3）公共圏と空間　112

第3節　都市と空間における文化，実践，運動………………113
　　（1）フォーク・ソング運動の展開　114
　　（2）「うたうたうた　フォーク・リポート」「フォーク・キャンプ」「フォーク・スクール」　115
　　（3）「かわら版」「東京フォーク・ゲリラ」「うた」　117

第4節　カルチュラル・スタディーズと空間の社会理論のために……121

目　次

第6章　スポーツを「闘争のアリーナ」として読み解く……………127
──エリアス・ブルデュー・ハーグリーヴズのスポーツ研究を導きに──

第1節　動き始めたオリンピック協力体制の構築………………127
第2節　エリアスと「スポーツ」──「興奮の探求」としてのスポーツ…128
第3節　ブルデューと「スポーツ」──スポーツ界の成立とその「政治」への関心…………134
第4節　ハーグリーヴズと「スポーツ」──スポーツ実践の「主体」の捉え直し…………140
第5節　新たなスポーツを求めて──飽くなき「興奮の探求」………145

第7章　ポスト・セキュラー論で読む宗教判例……………149
──ハーバーマスとテイラーの議論から──

第1節　ハーバーマスとテイラー……………151
　（1）テイラー3原則　151
　（2）ハーバーマスの「翻訳」条件　154
第2節　小泉首相の靖国神社参拝……………157
第3節　テイラー3原則の難点……………160
　（1）「信教の自由の侵害」　160
　（2）テイラー3原則と「正統化」　161
第4節　靖国神社国家護持運動における「翻訳」……………163
　（1）「宗教的基礎づけ」としての靖国神社国家護持運動　163
　（2）「翻訳」としての靖国神社国家護持運動　164
第5節　限界と可能性……………167

第8章　アメリカ批判理論の最前線……………173
──ナンシー・フレイザーへのインタヴュー──

第1節　アクティヴィストとしての出発点……………173
第2節　資本主義の総体的把握──マルクス読解……………175

第3節　ポスト・ウェストファリア的正義のフレーム──「代表」…*179*
　第4節　トランスナショナルな公共圏……………………………………*183*

あとがき　　*189*
事項・人名索引　　　*191*

序　章
現代社会理論と公共圏

　グローバル化した現代社会を考察するとき，そこには実に多様な問題が山積していることを見ることができる。1つには，市場中心的なネオリベラリズムの展開がある。ネオリベラリズムは，資本主義社会において今日までに形成されてきた社会的保護装置となる規範の有効性を失墜させ，労働市場等の様々な規制緩和をもたらし，結果として貧富の差を一層拡大することによって社会統合を解体する。その対極にあり，このグローバル化する「近代」に反発する極端な潮流の1つとして，「イスラム国」に見られるような過激な原理主義的運動等がある。これらの運動は，テロリズムによって先進諸国の内部にも浸透して，その安全を脅かしつつある。さらに先進諸国では，極端な貧富の格差や失業に抗議する諸行動や，抑圧されたエスニシティ，ジェンダー，セクシュアリティの側からの運動がある。日本では現在，安全保障関連法案に反対する運動，立憲主義の運動，反原発，環境保護の運動等が頻繁に起こされつつある。

　これまで現代社会理論は，それらの諸問題を射程に入れて，解決のための総合的な見取り図を示そうと試みてきた。そこでは，J. ロールズやJ. ハーバーマスなどの近代的個人の自律から出発するカント主義的普遍主義的アプローチ，H. アーレントの共和主義的アプローチ，何らかの文化や伝統を拠り所とする共同体主義的アプローチ，社会を差異・抗争・コンテクストの観点から見るポストモダン・アプローチ等が見られる。

　本書は，社会総体とそれが持つ諸領域とを，単に普遍主義的な統一的観点からのみ見ること，そして単にコンテクストと差異と抗争の観点からのみ見ること，この両者を抽象的かつ一面的な見方として退け，社会総体とそれが持つ

諸領域の発展をまさに「統合・和解と対立・抗争の緊張関係」から見ることを提起している。それは，社会総体の発展を，その普遍主義的な統合の枠組みのなかから行為者たちの間の対立が生まれ，それを解決しようとする抗争のただなかから新たな規範と合意が形成され，社会の制度・習慣・実践の新たな段階に至る循環的・連続的な過程として捉える，というアプローチである。さらにそれは，この過程のなかで，社会における行為諸主体が，その個別主義的観点と普遍的・共同的観点とを統一する形成陶冶を行うとするアプローチである。現代社会理論のなかでは様々な位相の違いはあるにせよ，A. ホネットの「承認をめぐる闘争」の構想，A. グラムシの「ヘゲモニー」概念，レギュラシオン学派の「調整」概念，カルチュラル・スタディーズの抗争する「文化」概念等は，このアプローチと共有する方向性を示していると言えよう。

　本書のアプローチは，歴史的社会の総体を扱うと同時に，その様々な諸領域，つまり公共圏，国家，市場経済，文化，スポーツ，宗教等各領域を取り扱うことを目指す。「公共圏」概念は，そのなかでも，歴史的な社会総体の多様な領域を横断する通奏低音をなしている。それは，普遍的統一的であると同時に，多様な抗争・対立に満ちたものである。この序章においては，詳しい各論には立ち入らず，まず本書全体の重要なキーワードの1つ，「公共圏」とその展開について中心的に述べよう。

第1節　公共圏の問題設定

(1) 複数化し複雑化する公共圏

　「公共圏（Öffentlichkeit, public sphere）」とは，端的には，自立した市民たちが強制によらず，論拠のみに依拠する討議によって合意に至る空間である[1]。したがって市民的公共圏と言えば，その含意はより明らかとなる。この用語法は，ハーバーマスの『公共性の構造転換』（Habermas, 1990）以来のものである。そこでは当初，公共圏は，単一な抽象的な普遍性を持った理性的なものとして表象されていた[2]。しかし実際に存在した公共圏は，きわめて複雑で対立に富んだ

序　章　現代社会理論と公共圏

多様なもの，複数的なものであることが自覚されることになった。公共圏のなかで，あるいは様々な公共圏の間で，せめぎ合いが生じてきたし，現に今まさに対立のなかで新たな社会のイメージが模索されているのである。

　公共圏をめぐる複雑さとしては，その当事者主体が持つ多様な領域とその問題設定，対立構造から考えることができる。例えば，ネオリベラリズムに対する労働者の対抗的公共圏，ジェンダーの視点による女性の立場に立つ公共圏，多様なエスニック・マイノリティを代表する公共圏，セクシュアリティのマイノリティの権利を主張する公共圏等々を考えることができる。このような多様な対抗的公共圏たちが，単一の普遍的な公共圏の視点では排除されてきたのである。対抗的公共圏の視点からすれば，単一な普遍的な公共圏とは，社会で中心的権力を握るブルジョワたちの公共圏であったのであり，男性の異性愛主義者，ことに教養水準が高く議論に長けた者に有利に働くエリートたちの公共圏だった。その意味では単一の公共圏は，抑圧を内在させたものであり，気づかれないままに重力のような特定の負荷がかかったものであった可能性がある。しかし現在，公共圏は，複数で多様性を持ち，そのなかに対立を抱えたものとして考えられる。まさに現在社会の諸問題は，対立する公共圏のせめぎ合いのなかに見出すことができる。複数の多様な公共圏は，複雑な分断ラインのなかに置かれ，それらの間で様々な複合が現れることになる。そのなかで，この闘争は，民主的な成果をもたらす場合もあれば，ヘゲモニーの所在によっては，ファシスト的公共圏に見られたように，民衆を権力に自発的に従属させる機能を果たすこともあり得る（齋藤，2000, p.22）。対立関係に満ちている点からすれば，公共圏とは，対立と葛藤を伴う不断のプロジェクトであると言うことができよう。

　公共圏はまずは，理性的な空間であり，強制によらず，論拠のみに依拠する討議によって合意に至る空間である。この点で，ハーバーマスが討議の先行仮定とした3つの性格——公開性，平等性，非強制性は重要な意味を持つ（Habermas, 1983, p.99, 訳 p.143）。またそれと同時に，誰がどのように公開・非公開の基準を決めるのか，現実の不平等性をどのように問題化するか，様々な権力

や装置が討議に強制をもたらしていることをどのように排除できるか，といった現実的問題も考えなければならない。さらに，討議が行われる際の論拠として，単に万人に妥当する道徳的なものだけではなく，それ以外の多様な論拠も考えられるだろう。例えばそれは，社会にとって何が有用か，といったプラグマティックな論拠もあり，伝統や文化に立脚した倫理的な論拠もあり，法的整合性や安定性に関わる法的論拠もあり，利害関係を調整する妥協もあろう (Habermas, 1992, p.207, 訳〔上巻〕p.201)。現実の公共圏における合意形成は，このような多様な論拠，理由を用いた討議の過程によって成り立っている。またそのなかで，対抗する勢力の間で，様々な圧力，利害関係，妥協，調整が見られるはずである。

(2) 公共圏と社会の諸問題

　市民的公共圏におけるインフォーマルな政治的意思形成過程と，フォーマルな民主的法治国家の法制定過程とは，「ツー・トラック」(Baynes, 2002, p.216) をなし相互に呼応しあい，両者の政治的意思形成はスムーズに民主的な法制化に至るというように構想されがちである。たしかにそれが望ましいし，広いスパンで歴史を見れば，法制化は進歩をもたらすものだろう。しかし，実際には，強権的な権力者たちによって法的安定性を損なう恣意的解釈による改憲が強行され，国民の世論に反しながらも議会の多数を背景に法制化が強行され得る場合もあると言わざるを得ない。このように決定された法は，強権政治の手段として機能することになる。この場合，法制化過程そのものが，民主的なものたちと権力的なものたちの闘争のアリーナなのである(4)。

　公共圏に外部から作用する力関係のなかで強大なのは，市場経済的圧力である。ネオリベラリズムは，資本主義社会において，労働市場等の諸規範の様々な規制緩和をもたらし，貧富の差を一層拡大する。これは，非正規労働が爆発的に増えたように，労働から安定した形態を奪い，個々人の自己価値感情を傷つけるに至っている。例えば，今年の労働者派遣法「改正」はそれを固定化するものにほかならない。先進諸国では，このようなネオリベラリズムによって

もたらされた極端な貧富の格差に抗議する諸行動が、例えば、ウォール街占拠運動、ヨーロッパ諸国における若者の暴動の形で起こっている。もしこのような運動が社会の「警報システム」(Habermas, 1992, p.435, 訳〔下巻〕p.89) の役割を果たす市民的公共圏において一定の支持を得るならば、フォーマルな政治的意思形成過程を経て尊厳ある形態の労働を保障する規範の法制化に至る可能性もあるだろう。

当初、公共圏は、ひたすら理性的な合理的な議論の空間として構想された。しかし実際にはそこでは、感情的要素、情念、美的なもの、芸術的なものといった非理性的な要素も重要な役割を果たしている。それらの要素を、理性に対立する、理性に従属する下位のものと見なすことは、誤りである。むしろそうすることで、不安を煽って大衆を感情的に動員しようとするポピュリズムに足をすくわれる可能性も出てくるだろう。そうではなく、感情的要素、情念、美的なもの、芸術的なものといった、理性的討議とは異なる要素も、政治的意思形成過程の一契機として捉えなければならない。私たちは、理性的判断以前の日常的な不満、侵害、侮辱のなかで、反事実的な新たな規範に気づくことが多い。このような日常的な不満を、筋道（ロゴス）を立てた形で形成し直すことが重要であろう。市民運動以前の、親密圏における「声なき声」を言語化し、多様なマイノリティが社会運動化し得る方途を捉えねばならない。その際には、人々が問題を感じながらもうまく言語化できない思いを、何らかの共通の社会文化——習慣、行動、音楽等の様々な日常文化で媒介しあうことが重要である。そうしたとき、社会文化が、公共圏におけるせめぎ合いを表現する重要なメディアとなるだろう(5)。

様々に侵害された承認感情にはけ口を与えるものとして、少数派のエスニシティに対する攻撃や、煽り立てられるナショナリズムの誘惑がある。それは、ヘイト・スピーチに見られるような自文化中心主義の感情、自己愛的な修正主義的歴史観が見られる場でもある。ヨーロッパ諸国の一部で見られるように、公共圏の多数派が少数派排除の政権・政策を主張してデモ行進する事態もある。また逆に先進諸国以外では、「イスラム国」などの過激な原理主義的運動等が

拡散している。これらの状況に対して，現状で直ちに具体的解決策を提言するのは困難かもしれない。しかし，将来に向かっては，民主的な法治国家のなかでは，立憲主義的な文化のもとでの複数の生活形式の共存が展望されるだろうし，グローバルなレベルでは，トランスナショナルで複数主義的な公共圏が，個々の対抗的公共圏との交渉のなかで徐々に形成されていくことを展望できよう。

(3) 日本における公共圏

「公共圏」をめぐる議論は，1990年以後欧米の社会理論において重要なテーマとなった。その背景には，現代社会をめぐるいくつかの重要な変化があった。まず，1989年に始まる東欧革命，旧社会主義体制の崩壊において，自発的な市民によって形成された運動——市民的公共圏における運動が重要な役割を果たした。その後，資本主義体制のなかでは，地域紛争，環境破壊，経済不況，規範喪失状況などの諸問題が噴出する。そのとき，「公共圏」が市民による自立的なものでありながら，現実の体制と区別され，それに対抗する理念となり，新しい社会運動が展開する場を指し示す概念となったのである。これを「新しい公共圏」概念と言うことができよう（山口，2004, p.259以下）。さらに，インターネットなどのメディアの刷新は，従来の公共圏論に新しい展開をもたらした。

日本においては「公共圏」は，戦後，「公共の利益」「公共事業」等に見られるように，まず私的ではないもの，さらには国家や地方自治体の管轄下にあるもの，を意味していた。この用法では，市民の側から形成される運動や理念という意味合いはきわめて希薄であった。しかし20世紀末になって，1998年3月のNPO法の成立に見られるように，市民ネットワークも活発になるなかで，「公共圏」が国家ではなく市民の側から形成されるものという理解が拡がり多少の曖昧さを残しながらも用いられるようになってきた[6]。

さらに現在日本の公共圏をめぐる議論を引き起こしたのは，90年以後，新保守主義の側が意図的に「『公共』の改造」（石川，2015, p.67）を提唱するようになったことである。そこでは，おおやけ＝国家であるとされ，愛国心教育，

国旗・国歌というシンボルが称揚され，私的個人主義をもたらしたとされる戦後民主主義と対置されるに至っている。それに対して現在，市民の側から構成され，権力に対抗する公共圏の理論を提起し行動することが焦眉の課題となっている。

ことに現在，2015年夏には，様々な闘争がもろもろの公共圏のなかで行われている。労働者派遣法「改正」が行われ，川内原発再稼働が実施され，安全保障関連法案の国会通過が目論まれ，沖縄県民の民意を無視した辺野古への米軍基地の強権的移設が焦点となっている。それに対抗してSEALDs（Students Emergency Action for Liberal Democracy-s）のデモンストレーション，「安全保障関連法案に反対する学者の会」の運動も，かつて見ないほど組織されている。2015年は，戦後70年を記念する年であり，日本の平和主義を守ろうとする側でも，それを否定しようとする側でも総決算とされるものである。

私たちは，様々な学問ジャンルから，このように多様な公共圏の闘争ラインが設定されていることを感じ，それを多領域に展開してこの一冊の著作にまとめるに至った。それが，本書『現代社会理論の変貌――せめぎ合う公共圏』である。ここでは，公共圏は単一な普遍的なものとしてではなく，闘争の場，様々な価値観，自己価値感情がせめぎ合い，ヘゲモニーを形成しようとする場として構想されている。私たちは，多様な人々の本来の感情や論拠に根差した「民主的なもの」が少しでも実現することを願っている。そのような思いが，この一冊の著作になったと考える。

第2節　本書の構成

本書前半の諸論文は，現代社会理論と公共圏論を，主として現代の代表的な理論の分析・批判を中心に解明するものである。そこでは，フランクフルト学派第三世代と言われるホネットの批判的社会理論，グラムシのヘゲモニー論，アーレントの「仕事」論，レギュラシオン学派の理論が扱われている。

本書後半の諸論文は，現代社会理論の諸理論と特定のフィールド研究とを結

合させたものである。カルチュラル・スタディーズとフォーク・ソング論，N. エリアス，P. ブルデュー，J. ハーグリーヴズとスポーツ論，ハーバーマス，Ch. テイラーと宗教論が扱われ，N. フレイザーへのインタヴューが収められている。

(1) 現代社会理論の分析

第1章の日暮雅夫「ホネット『自由の権利』における「社会的自由」の境位——歴史における社会闘争の意義」は，フランクフルト学派「第三世代」を代表するホネットの2011年の著作『自由の権利』の論理構造を分析したものである。ホネットは同書において，ヘーゲル主義的歴史主義的アプローチの方法を取っている。本章では，①このアプローチの4つの前提を取り上げ，それを「批判的再構成」の方法と，その方法における社会闘争の意義から検討し，②『自由の権利』で示された「社会的自由」の境位を，否定的自由と反省的自由との対質とその総合として展開する。③さらに社会的自由を具体的に形成する3領域「パーソナルな関係」「市場経済」「政治的公共圏」について吟味し，④このホネットの社会的自由論に，ハーバーマス理論との連続性と差異，『承認をめぐる闘争』との関係，ヘーゲル主義の歴史的目的論としての問題性の3点から批判的検討を加える。

第2章の尾場瀬一郎「政治的ヘゲモニーから知的・道徳的ヘゲモニーへ——グラムシ『獄中ノート』におけるヘゲモニー論の諸相」は，グラムシのヘゲモニー概念の明確化を目的としている。「ヘゲモニー」という言葉は現代思想や社会学の領域において専門用語として定着して久しいが，その理解や解釈については依然として錯綜している。本章はヘゲモニー概念を以下のように，多様な観点から明らかにしようと試みる。①イタリアのグラムシ研究者はヘゲモニーの概念をどのように定義しているのか，②ヘゲモニーの概念が明確な理解・解釈を拒むのはなぜなのか，③『獄中ノート』のなかでヘゲモニー概念はどのように変化していったのか，④ヘゲモニーの概念をわれわれはいかに理解すればよいのか，以上4点にわたって検討を加える。如上の作業を通してヘゲ

モニー概念の輪郭を浮かび上がらせるだけでなく，その新たな展開の可能性についても言及する。

　第3章の百木漠「『労働すること』と『仕事すること』——『世界疎外』の時代に抗して」は，アーレントの「労働」概念と「仕事」概念を比較することによって，アーレントがこの2つの概念を区別したことの思想的意義を明らかにしようとするものである。従来のアーレント研究では「活動」や「公共性」の概念に着目がなされることが多かったが，本章ではあえて彼女が相対的に低く評価した「労働」と「仕事」の概念に焦点を当てることにより，彼女の思想に新たな光を当てることを目指す。この考察から明らかになるのは，アーレント思想における「世界」概念の重要性であり，安定性と永続性を持った「世界」を製作する「仕事」の重要性である。「世界」を製作する「仕事」の重要性を強調するためにこそ，彼女は「労働」と「仕事」を区別し，「労働」を生命維持のための営みに限定したのだと考えることができる。近代の「世界疎外」を乗り越えるためには，「活動」のみならず「仕事」の営みを回復させることが必須の条件となるであろう。

　第4章の江口友朗「ディシプリンとしての経済学と制度アプローチの学際的可能性——レギュラシオン学派の言説から」は，経済学の立場から，現代社会理論の変貌の一断面を考察している。われわれは，合理的な経済主体と市場分析を特徴とする学問として経済学を理解しがちである。これに対し江口は，代表的な制度理論としての，レギュラシオン学派に依拠して理論的検討を進めている。同学派は，マルクスを背景としつつ，労働者自身の再生産の一部としての消費行動をはじめ，経済学の主流では捨象される政治的・社会的要因に対しても，それらを扱うことを志向するアプローチとして，その詳細が述べられる。また，1980年代以降の同学派を受容する日本で見られた「市民社会」論との接合が，国家や市場と共に，家族や隣人，あるいは地域などを包摂した意味で用いられる「社会」に対する理解の視点から再検証される。これらを踏まえ，従来の制度理論に，国家や市場の分析エリアとは異なる，新たな第3の分析エリアを設けることの重要性やその可能性が，学際的対話の視点から提案・示唆

されている。

(2) 現代社会理論と各フィールド研究

第5章の粟谷佳司「空間，文化，運動——カルチュラル・スタディーズと空間の社会理論のために」では，文化と空間とはどのように捉えられるのかということを，最近の英語圏の文化研究の広がりのなかでも展開されているH. ルフェーヴルの「空間」の問題圏から考える。本章では，ルフェーヴルの『空間の生産』を中心とした「空間」の社会理論から「公共圏」や「空間」の諸問題を捉える。ここから「空間」を舞台とした「文化」がどのようにして捉えることができるのかということを，戦後日本の文化運動の事例として「東京フォーク・ゲリラ」へと連なる1960年代後半のフォーク・ソングの動きから見ていく。そして，「空間」の諸問題を，カルチュラル・スタディーズにおける文化と社会との関係である「複合的全体」としての社会の編成についての議論に引きつけながら考察する。

第6章の市井吉興「スポーツを『闘争のアリーナ』として読み解く——エリアス・ブルデュー・ハーグリーヴズのスポーツ研究を導きに」は，まず，エリアス，ブルデュー，ハーグリーヴズによるスポーツ研究が，彼ら自身が生活や研究の基盤を置いたイギリスとフランスにおいて「スポーツ・フォー・オール（みんなのスポーツ）」というスローガンのもとで進められた福祉国家的なスポーツ政策のもと，スポーツ界に生じた様々な軋轢や闘争の分析を通じて，スポーツを「闘争のアリーナ」として描き出したことの意義を確認する。次に，彼らの研究成果を導きとして，人間的な自由の表現としてのスポーツを探求するための理論的な視座の獲得に向けた論点整理を試みている。現在，2020年東京オリンピック・パラリンピックの成功に向けて，日本のスポーツ界が「オリンピック協力体制」へと編成されようとしている。本章は，そこで生じ得る軋轢や闘争を分析し，スポーツのあり方を検討していく理論的基盤を整備するものとなっている。

第7章の住家正芳「ポスト・セキュラー論で読む宗教判例——ハーバーマス

とテイラーの議論から」では、近年の宗教研究で盛んに用いられる「ポスト・セキュラー」を取り上げることで、公共圏と宗教の問題を検討する。「ポスト・セキュラー」の語で論じられる内容は多岐にわたるが、世俗化し、宗教は衰退していくものと思われていた近代世界において、20世紀末以降、むしろ宗教の公的なプレゼンスが強まっていること、そしてそのことが引き起こす様々な問題にどう対応するかが共通した問題関心となっている。例えば、フランスにおけるムスリム女性のスカーフ問題に象徴されるように、世俗主義的な政教分離原則が宗教的少数者の抑圧として機能してしまうことを避けつつ、なおかつ国家権力の宗教的な権威づけをも防ぐにはどうしたらよいのか、という問題がある。こうした問題について、「ポスト・セキュラー」の語を広めた人物の一人であるハーバーマスと、そのハーバーマスに批判的なテイラーが、それぞれ解決策を提案している。本章では、果たして彼らの提案が真に解決策となっているのかを、日本の宗教判例、具体的には小泉元首相の靖国神社参拝をめぐる判決を通して検討する。

　第8章「アメリカ批判理論の最前線——ナンシー・フレイザーへのインタヴュー」は、ニュー・スクール・フォア・ソーシャル・リサーチ大学のナンシー・フレイザー教授に日暮が2014年、ニューヨーク滞在時に行ったインタヴューである。フレイザーはそこで、彼女の経歴や最近の研究動向について以下のことを語っている。①アクティヴィストとして出発したことが、その後の彼女の研究に影響していること。②「制度化された社会秩序」である資本主義は、生産パラダイムだけではなく、その背後にある社会的再生産、地球エコロジー、政治権力の3条件から把握されねばならないこと。③正義のフレームワークとして、再分配、承認のほかに代表を新たに加え、それが真に平等な参加を妨げる障害の除去を意味すること。④グローバリゼーションの時代には、領域国家を単位とするウェストファリア的フレームを越えてトランスナショナルな公共圏を志向すべきこと、などである。

　本書『現代社会理論の変貌』は以上のように、多様な切り口から構成されて

いる。その領域は哲学や社会思想，経済学，社会学，そして音楽やスポーツ，宗教など多岐にわたっている。そしていずれの論文もそれぞれの専門に即したものとなっている。そういった意味では，一見するとまとまりを欠いたものだと思われるかもしれない。だが，読んでいただければすぐにわかるように，各パートはきわめて緊密に連関しており，統一性を形づくっている。全体を貫いているのは，社会総体を「統合・和解と対立・抗争との緊張関係」で捉えるアプローチであり，それを多様なキーワードで示せば，公共圏，それから批判理論，市民社会，社会・文化的諸制度，ヘゲモニー，知識人，と表現できるだろう。執筆の過程で各人のテーマ設定に特段の制限を設けなかったにもかかわらず，このような一致が生まれ得たのは，現代社会・政治の諸問題が混迷の度を深めていて，私たちが執筆の過程で応答を迫られたためではないかと考えている。そういった意味では，本書『現代社会理論の変貌』は，沸騰する社会問題に対する私たちなりの回答だと言ってよい。

〈注〉
（１）"Öffentlichkeit, public sphere" は，「公共圏」，「公共性」と両様に訳されている。「公共圏」は，その空間的含意を強調したものだし，「公共性」はその普遍的本質を強調している。花田は，訳語として空間的含意の強い「公共圏」を使うことを提起している（花田，1996, p.24f.）。田中・吉田は，公共圏と公共性の訳語について，その混乱を３つに整理した上で，公共圏概念を選択している（田中・吉田，2014, p.4）。逆に，山口は公共圏で争われるべき内容の正統性判定基準としての「公共性」(publicness) の独自の意味を強調している（山口，2004, p.277）。
（２）普遍的で単一な公共圏のイメージは，ハーバーマスの『公共性の構造転換』や『コミュニケーション的行為の理論』(Habermas, 1981) まで遡るが，ハーバーマスは実際には，公共圏の歴史的形成過程を複雑なものとして捉えていたし，その後の理論概念形成のなかで対立を孕んだ複数主義的なものして展開した（日暮，2008, p.119f. 参照）。したがってこの平板な公共圏のイメージは，単純化されたものと言い得るだろう。
（３）N. フレイザーは，単一な普遍的な公共圏に対抗する部分的諸公共圏を「下位の対抗的な諸公共圏（*subaltern counterpublics*）」(Frazer, 1997, p.81, 訳 p.123) と呼んで，その意義を展開している。
（４）「市民的不服従」概念は，このような事態に対する対抗手段として構想されている（Habermas, 1992, p.184, 訳〔上巻〕, p.181）。
（５）その際，公共圏で展開される多様な文化運動──例えばグラフィティや様々な街頭パフォーマンスにも新たな位置づけが与えられ得る。
（６）鳩山・菅民主党政権は，「新しい公共」として，市民・NPO が積極的に，「教育や子育て，

まちづくり，防犯・防災，医療・福祉，消費者保護などに共助の精神で参加する活動」を挙げ，その支援を提起した（「内閣府 HP」http://www5.cao.go.jp/npc/attitude.html参照。2015 年 8 月 23 日閲覧）。しかしその成果は，ネオリベラリズムによる貧富の格差の進行を前にして停滞したと言うことができよう。本書との関連では，このような「公共」概念は，対抗する政治的意思形成を十分捉えることができないという問題があった。

〈参考文献〉

石川健治「インタビュー集団的自衛権というホトトギスの卵――「非立憲」政権によるクーデターが起きた（聞き手・桐山桂一）」『世界』2015 年 8 月号，岩波書店。
齋藤純一『公共性』岩波書店，2000 年。
田中紀行・吉田純編『モダニティの変容と公共圏』京都大学学術出版会，2014 年。
花田達郎『公共圏という名の社会空間』木鐸社，1996 年。
日暮雅夫『討議と承認の社会理論――ハーバーマスとホネット』勁草書房，2008 年。
山口定『市民社会論――歴史的遺産と新展開』有斐閣，2004 年。
Baynes, K., "Democracy and the *Rechtsstaat*: Habermas's *Faktizität und Geltung*", in *Jürgen Habermas.Sage Masters of Modern Social Thought*, Vol.2, ed.b. Rasmussen, D.M. & Swindal, J., Sage Publications, 2002.
Frazer, N., *Justice Interrupts*, Routledge, New York & London, 1997.（仲正昌樹監訳『中断された正義』御茶の水書房，2003 年）。
Habermas, J., *Moralbewußtsein und kommunikatives Handeln*, Suhrkamp, Frankfurt am Main, 1983.（三島憲一・中野敏男・木前利秋訳『道徳意識とコミュニケーション行為』岩波書店，1991 年）。
―――――, *Theorie des kommunikativen Handelns*（Bd. I, II）, Suhrkamp, Frankfurt am Main, 1981.（藤沢賢一郎ほか訳『コミュニケイション的行為の理論』未來社，上巻 1985 年，中巻 1986 年，下巻 1987 年）。
―――――, *Strukturwandel der Öffentlichkeit*, Neuaufl., Suhrkamp Frankfurt am Main, 1990.（細谷貞雄・山田正行訳『公共性の構造転換（第二版）』未來社，1994 年）。
―――――, *Faktizität und Geltung*, Suhrkamp, Frankfurt am Main, 1992.（河上倫逸・耳野健二訳『事実性と妥当性』未來社，上巻 2002 年，下巻 2003 年）。

（編者一同）

第1章
ホネット『自由の権利』における「社会的自由」の境位
——歴史における社会闘争の意義——

　グローバル化した現代社会を考察するとき，一方で市場における競争至上主義的なネオリベラリズムの展開が顕著である。それに対して，先進諸国では，ネオリベラリズムによってもたらされた極端な貧富の差異に抗議する諸行動や，様々なマイノリティの運動，抑圧されたエスニシティ，ジェンダー，セクシュアリティの運動が時には大きく時には繊細に起こされつつある。このような現代社会を見やりながら，社会理論の状況に目をやれば，Fr.v. ハイエクなどの市場至上主義に対抗する思想としては，J. ロールズや J. ハーバーマスなどの，「近代」的個人の自律から出発する思想が大きな勢力を持っている。これらは，カント主義的アプローチに立つ理論と一括することができよう。しかしながら，このカント主義的理論に対して大きな疑問を根底から呈する思想潮流が現れている。それらは近代的諸個人の自律を支える規範的背景をさらに問うヘーゲル主義的アプローチに立つ思想である。これらの思想家のなかには，共同体主義の立場に立つ Ch. テイラー等がいる。フランクフルト学派の「第三世代」[1]を代表するアクセル・ホネットも，彼らとは異なる立場からヘーゲル主義的理論を形成している一人である。

　ホネットは，ハーバーマスと共に批判的社会理論の間主体主義的転回（ホネット・日暮・岩崎, 2003, p.205ff.）を行いながら，自らはヘーゲル主義の立場に立って，ハーバーマス理論の批判を行ってきた。それは，フランクフルト学派の形成した批判的社会理論を，よりアクチュアルな現実批判として再生させるためであった。ホネットは，1992 年に初版が出版された最初の主著『承認をめぐる闘争』（Honneth, 2nd, 2003）において形式的人間学のアプローチの観点か

ら「承認論」の構想を示し，その後，その承認論を各領域においてより精緻に展開する方向を目指した（日暮，2008, p.204f.）。しかし，2011年に刊行された第2の主著『自由の権利』（Honneth, 2011）においては，より一層ヘーゲル主義の方向性を展開すると共に，社会闘争も歴史における社会諸制度を進展させる「螺旋運動」（Honneth, 2011, p.115f.）として位置づけ直すことになる。

　本章では，ホネットの『自由の権利』で示されたヘーゲル主義的アプローチを，以下の諸節において検討したい。第1節では，ホネットが『自由の権利』の序論で示すヘーゲル主義的アプローチの4つの前提を取り上げ，それを「批判的再構成」の方法と，その方法における社会闘争の意義から検討したい。第2節では，『自由の権利』で示された「社会的自由」の境位を，否定的自由と反省的自由とに対質して展開したい。第3節では，さらにその社会的自由を具体的に形成する「パーソナルな関係」「市場経済」「政治的公共圏」の3領域について吟味したい。第4節では，このホネットの社会的自由論に，ハーバーマスとの相違，『承認をめぐる闘争』との関連，ヘーゲル主義の問題性の3点から批判的検討を加えたい。第5節では，ホネット社会的自由論の今後の展開可能性を，日本の状況への適用，グローバル化との関連，社会運動における文化の意義の3点から構想したい。

第1節　『自由の権利』における「規範的再構成」の方法と社会闘争の意味

　ホネットがカント主義的アプローチに対して主張するヘーゲル主義的アプローチとは，どのようなものだろうか。ホネットはそれを「規範的再構成 (eine normative Rekonstruktion)」（Honneth, 2011, p.10）の方法論と呼んでいる。それは，社会において現実的歴史的に展開する諸規範から社会的正義を導出するものである。ホネットは『自由の権利』の「序論」において，それを4つの前提によって示している。

　第1の前提とは，「社会の再生産は今日に至るまで，基本的諸理想と諸価値の共有された方向性という条件と結びついている」（Honneth, 2011, p.18）ことで

ある。このような倫理的諸価値は，「究極的価値」として「上から」作用するだけでなく，個々人の日々の生活における基準として「下から」も作用する。ホネットはここで，パーソンズに倣って，倫理的価値は文化システムを通じた役割期待などを経て，個人的領域において具体化されると考える。社会秩序が正当化されるのは，倫理的価値や理想の観点からであり，諸個人はその価値のために活動するのである。ここではヘーゲルの理論に見られるような，諸個人の活動と社会的諸価値の相互依存関係が語られている。諸個人はそれらの諸価値に支えられて活動するのであり，諸価値の方も諸個人の活動によって初めて実在化される。

　第2の前提とは，「正義の概念は，これらの社会的に包括的な価値から独立に理解され得ない。社会的実践や制度のうちにあるものは，一般的に受け取られた価値を現実化できる限りにおいて『正しいもの gerecht』として妥当する」(Honneth, 2011, p.30) ことである。この第2の前提は，第1の社会的価値を「正義」と関連させて論じたものである。ホネットはまず，古典的な正義概念を，「異なった諸個人の平等な取り扱いと不平等な［差異ある］取り扱いに至り得るようにその人格に適切な仕方で，すべての他者を取り扱うこと」(Honneth, 2011, p.20) として紹介する。しかしヘーゲルが言うように，何を現実に平等に取り扱うべきかを考えるならば，正義の基準は，歴史を超えた中立的なものではあり得ない。何が正義であるかは，社会のなかで実際に制度化され妥当する価値や理想によって判断されるしかない。しかし，社会は進歩し得るのであり，かつて妥当した価値や理想がもはや支持されない場合がある。妥当すべき価値や理想はどのように判断されるだろうか。

　妥当すべき実践の選択に関わるのが，第3の前提である。「社会的現実の多様性から，われわれは，一般的諸価値を確保し現実化するのに適した諸制度 Institutionen や諸実践を選ぶ——方法論的な用語を使えば，規範的に再構成する normativ rekonstruieren」(Honneth, 2011, p.30)。諸価値を現実化し得る諸制度や諸実践を選択的に実施することが，「規範的再構成」の方法である。規範的再構成の手続きは，諸規範の実践に関して，諸主体が選択し類型化すること

によってなされる。諸価値のなかで単なる特殊的価値を表現していたり後ろ向きの理想を具体化していることによって，規範的要求に矛盾しているものは，適切には規範的再構成の対象にはなり得ない。ホネットはヘーゲルに倣って，間主体的に実践される習慣や無意識的信念にも注意を向けようとしている。この批判的再構成の方法を検討する際に重要であるのは，誰がどのような視点でそれを行うか，である。

　第4の前提は，現実の制度・実践の批判に関わっている。「正義論を社会分析の形式において展開する試みを企てるためのさらなる第四の前提は，規範的再構成の手続きがいつも批判的適用のための機会をも持っていることである」(Honneth, 2011, p.27f.)。人倫が制度的実践の一連の普遍的価値を示しているとき，それは所与の現実を，普遍的な価値の観点から批判し得る。しかし，批判的再構成は，「外的基準」から所与の制度・実践を批判するのではない。「むしろ，これらの制度・実践が社会的現実の混沌から拾い上げられる同じ基準が，普遍的に受け取られた価値の不十分で未だ不完全な具体化として使用される」(Honneth, 2011, p.28)。つまり，既存の社会のなかで具体化された制度・実践は，普遍的な理想的観点からすればコンテクストにしたがって歴史的に形成された不十分なものであるかもしれない。しかし，人々はそれらを手掛かりにより普遍化された規範の形態を想定して社会批判を行い得るのである。ホネットは，このような批判を，「外在的」ではなく「内在的」で「漸進的」(*ibid.*)と考える[2]。ホネットは，批判的再構成の方法の例として，ヘーゲルの『法哲学』の「職業団体」論の記述（Hegel, 1970, p.393ff., 訳〔下巻〕p.419ff.）を挙げる。そこでは，職業団体の構成員の労働が尊厳を持ったものとされることが，資本主義的市場を批判する原理として用いられると考えられている[3]。この批判的再構成の方法は，人倫において定立されている規範のより普遍的に展開された像にしたがって，不十分な現実のあり方を批判することと言うことができよう。

　ホネットは，『自由の権利』を貫く「規範的再構成」の方法を「序論」において，以上のような4つの前提によって示した。それは，社会における諸理想・諸価値—正義の具体化—規範の間での選択—現実の批判によって総体的に

行われるものであった。ホネットは序論においては明示的に語っていないが，この規範的再構成にとって「社会闘争」は重要な意味を持っている。社会のなかで，諸規範による制度・実践が批判され，また新しい方向に発展させられることを考えるとき，それらがどのような形態を取るかはあらかじめ自明ではない。重要なのは，諸規範をどのような方向に発展させるのが正しいか——どのように具体化し，また参加者も拡大するべきか——を解釈する当事者である参加者たちの主張である。多くの場合，諸規範をどのような方向に発展させるのが正しいかは，対立する当事者たちの間のコンフリクトのなかで示される。

　　この術語（規範的再構成——引用者）は，所与の実践領域において参加者に暗黙裡に受容される諸規範を記述する試みに関わる。そこでは，これらの諸規範の適切な解釈と適用とに従事する社会的コンフリクトと闘争とを，理想化する仕方で跡づけることになる。そのような試みは，このように再構成された発展の小道が道徳的進歩に向かうある方向性を持つだろうという希望によって導かれる。その道徳的発展の道は，特殊領域の基本的な規範的諸理想の間でどの理想がすでに実現されているかをわれわれに語るだけではなく，それらをより適切により十分に現実化するためには今何をなすことが必要だろうかを語るような仕方で再構成されている（Honneth, 2013, p.37）。

　具体例を挙げるならば，現代社会においてすでに，諸個人の自律が共通の価値として前提されているとしよう。その際，個人の自律を，政治権や社会権で支えることによって福祉国家的な方向に具体化する道を選ぶのか，それともそれを経済的な功利主義的活動の方に先鋭化させて市場至上主義を徹底する方向で具体化するのか，この両者の間には大きなコンフリクトがある。人倫は，歴史においてこのような闘争が当事者たちの合意 - 対立を繰り返すことによって，「螺旋」的に発展していくと考えられる。ホネットがヘーゲルから抽出した「規範的再構成」の方法は，このような「社会闘争」の記述的展開と不可分なのである。

第2節　3つの自由モデルと「規範的再構成」

　ホネットは,『自由の権利』の「第一部　歴史的背景――自由の権利」において, 近代社会において前提される個体的自由の3つのモデルを明確に区別している。それらは,「自由の否定的モデル（Ⅰ）, 反省的モデル（Ⅱ）, 社会的モデル（Ⅲ）」(Honneth, 2011, p.43) である。否定的自由は, 諸個人の私的な利害を追求する自由を示しており, 反省的自由は, 諸個人が普遍的・共同的なルールを見出しそれにしたがう自律的自由を意味し, 社会的自由は, 諸個人が歴史的に展開する諸制度のなかに理念の現実化を見出すものである。ホネットのこの3つのモデルは, ヘーゲルの『法哲学』の3つの領域, 抽象法, 道徳性, 人倫に対応している。この3つのモデルの発展は, Th. ホッブズ, J. ロックから J.-J. ルソー, I. カントを経てヘーゲルに至る社会思想史の展開から抽出されている。以下この3つの自由モデルについて検討しよう。

(1) 否定的自由

　第1に, 否定的自由のモデルである。ホネットの記述はホッブズを中心としており, 社会契約説のなかで展開された自由を取り上げている。ホッブズにおいては, 自由とは「外的抵抗の不在」を意味しており,「人間の自由は, 人が自分で立てた目標を実現する際に, 外的抵抗によって妨げられないことにある」(Honneth, 2011, p.44)。このような諸個人が相互に向かい合うとき,「万人の万人に対する戦い」である「自然状態」が想定され, それはどんな諸個人にとっても危険を孕んでいる。その際否定的自由の理論は, 諸個人はどんな種類の政治秩序に自発的に同意できるか, という思考実験によって社会正義のタイプを示そうとする。そこでは, 諸個人が自分の自由を最大化できる政治体を選択するのである。否定的自由の諸理論の難点は,「……個体の自由が, 個体が世界のなかで実現しようする目的を自分で定立する能力に達していない」(Honneth, 2011, p.57) ことである。つまり, 諸個人が自分の行動の目的として何

を選ぶかは，諸個人の恣意に任されているのである。否定的自由のタイプの理論の展開は，今日ではネオリベラリズムの自己決定万能論に見出すことができよう。

(2) 反省的自由

　第2の反省的自由のモデルでは，ルソー，カントからハーバーマス，K.-O.アーペルに至る理論が検討の対象となる。ホネットは，カントが，ルソーの，人間は自らに課した法に従属してこそ自由であるという思想を，道徳的自律へと内面化したと捉える。主体は恣意にしたがうのではなく，自己立法し自己に課した法と一致して行為する能力を持つとき，自由である。しかしカントは，「超越論的な決定的な転回」(Honneth, 2011, p.63) を行う。それは，自己立法された法が，合理的な論拠への洞察から導き出された場合にのみ，自由をもたらす，と理解することである。ホネットによれば，カントはこの飛躍を3つのステップによって行う。まず，目的となるのは欲望であってはならず，自由な意思である。次に，原理となるのは，「諸主体は，他のすべての理性存在者の誰もがしたがうことを求め得る原理のみを自分のものにできる」(Honneth, 2011, p.64) という諸個人が持つ普遍化可能性の基準である。最後に，普遍化原理は，他のすべての主体を自律的な存在，目的として扱う「普遍的な尊敬の態度」(*ibid.*) をもたらす。ホネットは，このようにカントの定言命法の定式を整理するのである。

　カントの道徳的自律を，間主体主義的に再定式化したのが，アーペル，ハーバーマスによる「言語論的転回」(Honneth, 2011, p.69) である。カントにおいては道徳主体の孤独な思考実験として行われる普遍化テストを，アーペルらは，道徳主体をコミュニケーション的共同体に位置づけて行うものとして再解釈した。各人が言語を用いて討議を行うときには，各人は他者の自律を尊重しなければならないという共通の前提を持っている。これが，討議に先立つ先行仮定であり，参加者の平等な尊重等が考えられる。このような反省的自由から社会的正義を導くとどうなるだろうか。反省的自由における社会的正義は，「すべ

ての個人的な自由遂行の間の協働の成果」(Honneth, 2011, p.73) として把握される。それは,「正義の手続き的概念」であり,「協働か民主的熟議に基づく社会的システムをもたらす手続き的概念」である。つまり, 政治的共同体が, 諸個人が民主的熟慮によって政治的意思形成を行い合意したルールや法にしたがって運営されることが正義とされるのである。(5) しかしホネットによれば, これらの反省的自由の正義論には不十分な点がある。つまり, 反省的自由のモデルは,「その都度目指された自由の実施をはじめて可能とする社会諸条件そのものを, すでに自由の構成要素であるとは解釈しない」(Honneth, 2011, p.79) のである。この自由の実現の社会的諸条件を取り扱うのが, 次の社会的自由のモデルである。

(3) 社会的自由

社会的自由は, 第3の自由モデルである。これは, ホネットがヘーゲル『法哲学』の中心的な思想として取り出すものであり,『自由の権利』の中心概念である。(6) ここでは, この社会的自由の概念を次の4側面から整理して展開してみよう。

第1に, 社会的自由概念は, 先立つ2つの自由概念の欠陥を克服し, 調和させるものとして構想されている。否定的自由には, 自由なものとして理解される主体性の関係が欠けている (Honneth, 2011, p.89)。それに対して, 反省的自由は, 内的な道徳的なものとして構想され, 外的な現実性が欠けている。「主体性と客体性, 特殊性と普遍性とを和解させる第3の自由概念が必要である」(*ibid.*)。この調和は, 反省的自由の概念を外的現実に拡張することによって獲得されるとする。「明らかにヘーゲルは, この欠点 (内的道徳性と外的現実性との対立——引用者) を, 現実の客観的領域をも自由の基準に従属させることによって克服する第3の自由モデルに到達しようとした」(Honneth, 2011, p.84)。

第2に, 社会的自由は, 間主体的自由であり, 相互承認によって与えられる。諸主体が, 反省的自由のレベルにとどまるならば, 孤立したものであり続け, 相互に普遍化テストを行う場合にも, その主体が定立する規範に, 実践の場で

他の主体もしたがう保証はない。しかし，この主体が，我々自身が共有する目的そのものを実行する他の諸主体に出会うや否や——間主体的な次元において捉えられるや否や——規範の定立・実施において単に内面的で主観的な経験をするだけではなくなる。「というのも，今や自我は，相互行為パートナーの努力のなかに，自我が自分で定立した目的を客観的にも置きかえさせ得る外的世界の構成要素を見ることができるからである」(Honneth, 2011, p.85)。諸主体が，相手と共有された目的のなかに自分自身の目的をも見出すならば，反省的自由は間主体的自由となる。ヘーゲルによれば，諸主体が自分の目的を相手のうちに見出すこと，つまり共同の目的を持つことは，承認の制度によって保証される。共同の目的が客観化され確証されたものが，社会的諸制度である。したがって個人の自由への努力がただ制度によってのみ満たされると考えることによって，間主体的自由の概念は，社会的自由の概念となる。「主体は制度的実践の枠組みのなかで，相互承認の関係において結びつく他の主体に出会うときにのみ『自由』である。なぜならそのときに，主体は他者の目的を，自分自身の目的の実現のための条件として見ることができるからである」(Honneth, 2011, p.86)。

　第3に，社会的自由は，相互承認の社会制度によって実現される。ハーバーマスの討議理論に見られるような反省的自由には，制度論的基礎への考察が欠けていた (Honneth, 2011, p.82)。それに対して社会的自由の境位は，制度論へと展開されねばならない。「自由の実施は制度的に統制された諸実践への参加に基づいている。その限り，諸制度はここではまた，個体的自由の外的条件や補完ではなく，その内的な媒体である」(Honneth, 2011, p.100)。ホネットによれば，社会的諸制度には，単に客観的に組織された法制度のみならず，ルーティン化されたハビトゥスのようなものも含まれる (Honneth, 2011, p.92)。ヘーゲルの展開する制度は相互承認関係を具体化するための次のような課題を荷っている。つまり，制度の持つシンボルやルールは，諸個人にお互いが共通の共同体に属することを認めさせ自覚化させ，共通の目的を現実化することに同意させるのである (Honneth, 2011, p.93)。歴史的に具体的に展開される制度において，諸個人はお互いの目的を普遍的なものとして結合することを学ぶことができる。社

会的自由における制度のこの機能は，反省的自由の段階では見られなかったものである。

第4に，社会的自由は「規範的再構成」されるべきものである。社会的自由が，諸個人が社会諸制度のなかに自分を見出すことによって獲得されると言うとき，諸個人は歴史における特定の既存の事実的な諸制度を対象とするのだろうか。もしそうだとしたら，それはひたすら保守的で体制擁護的な人倫像であることだろう。しかし，ホネットの描き出すヘーゲル制度論は，より革新的であり，人倫の漸次的発展を考慮したものである。「ヘーゲルは，……歴史的社会的状況と合理的考察との間の平衡を作り出すことを意味する方法に従事したと言うことができよう。……概念と歴史的現実との間の均衡を求める方法を，われわれは，『規範的再構成』の手続きと名づけることができよう」(Honneth, 2011, p.106)。したがって，規範的再構成の方法では，諸個人が歴史的な社会諸制度における合理的なものを抽出し，非合理なものを批判し，歴史的所与の状況から概念的理想に最も近似した要素を集めて新しい目的を作り出すのである。

その際重要なのは，諸個人が持つ近代的な「主観的な」自由，つまり否定的自由と反省的自由である。既存の社会制度に違和感を感じた諸個人は，人倫のなかに生きながら，否定的自由によって自分の私的な利害を主張し，反省的自由において新たな規範を熟議によって形成し現体制に異議申し立てを行うだろう。

「主観的」自由を制度化された人倫の身体に含ませることによって，たしかにこの理論の内部では，承認の安定した諸制度を規範的に描き出すことを困難にするダイナミックで開かれた過渡的な性格が生じる。というのも，その活動が今度は諸制度の修正に至る個体的自律を人倫諸制度が初めて可能とするように，個体的異議と制度的現実とが結びつけられるならば，このように考えられた螺旋運動（Spiralbewegung）のなかではもはや，人倫諸制度の固定されたシステムにある静止点は見出せなくなるからである（Honneth, 2011, p.115f.）。

主観的自由による制度批判——それは，個人が発する個体的異議と，制度的現実との間の，理念的合理性と歴史的現実との間を行き来する「螺旋運動」に譬えられている。諸個人と諸制度の間で行われるこの螺旋運動によって，人倫的諸制度はもはや静止したものではなく，特定の規範を持ちながらも発展し得るものと考えられる。螺旋運動を行い人倫的諸制度を活性化し発展される主観的自由による異議提出——これが社会的自由のレベルでは社会闘争の役割となる。

第3節　社会的自由の3つの領域

『自由の権利』では，社会的自由は3つの領域において構想されている。諸主体の持つ個人的自由は，相互に補足し合うような制度的複合のなかで，社会的に経験され生きられた現実になるとされる（Honneth, 2011, p.229）。そのような3領域とは，「パーソナルな関係 *persönliche Beziehungen* の制度的領域（Ⅲ.1），市場経済の制度的領域（Ⅲ.2），政治的公共圏の制度的領域（Ⅲ.3）」（*ibid.*）である。この3領域は明らかに，ヘーゲル『法哲学』で展開される「人倫」の記述，「家族，市民社会，国家」に対応している。ホネットは，この3つの行為システムのそれぞれにおいて，諸主体が現在の社会条件のもとで社会的自由の形態を行使できる相互承認の特殊パターンと相補的役割義務とを取り出すことができると考える。その際，この3領域において，「規範的再構成の2つのレベル，経験的事実性と規範的妥当性」（Honneth, 2011, p.230）を区別しなければならない。つまり，単に現実において事実的に行われているパターン・義務と，規範性を持ち，未来においても妥当すべきそれらとは区別されなければならない。規範的再構成は，「間主体的に自由の領域として最もふさわしい社会実践を明らかにする困難な課題を実施する」（*ibid.*）ことを意味する。

(1)「パーソナルな関係の領域」

「パーソナルな関係」においては，第1に友情が，近代の個人化のなかで閉

じた内面性ではなく自己表現の体験として経験され（Honneth, 2011, p.248f.），それがさらに道具化の危機にさらされていることが見られる。第2に，親密な関係では，主体が相手をお互いに性的対象とすることによって，相手が自分の自由の条件として経験され（Honneth, 2011, p.270），現代社会ではこのような親密な関係が資本主義的な植民地化によって浸食されていると考察される（Honneth, 2011, p.276）。第3に家族関係は，両親と子どもとの三枝関係が自覚される場であり，離婚の増加を含む現在の多様化する社会状況のなかで危機にも直面するが，依然として「『協働する個人主義』に属するすべての能力と性向」（Honneth, 2011, p.316）は家族のなかで民主的徳として学ばれるとされる。ホネットの人倫の未来予測は基本的に暗いものであるが，3領域のなかでは，家族に将来民主主義的人倫が展開される最大の可能性を見るのである(7)。

(2)「市場経済の領域」

「市場経済の領域」は，ホネットの『自由の権利』のなかでも最も論争の対象となっている個所である（Claasen, 2014, p.74f.）。そこではそもそも，市場経済の領域が社会的自由の観点から捉えられるのかどうか，が問われている。「規範的再構成」を行おうとするならば，どちらの道を取るべきだろうか。つまり，市場は，福祉国家的政策におけるようにコミュニケーションにおいて間主体的に関係するパートナーの観点から捉えられるのか，それともネオリベラル的改革におけるように戦略的に計算する経済主体の観点から捉えられるのか。この両者の間の選択は，現在の社会において最も中心となる問題の1つである。ホネットは，社会福祉的政策の展開を社会的自由の実現として捉え，ネオリベラル的改革を歴史における「誤った発展」であると考える。

第1に「資本主義的市場」では，ヘーゲル，É. デュルケームが，歴史に登場した資本主義的市場という新しいシステムは，それに先行する一連の非契約的な道徳規則を考えに入れないと分析できないと考察する（Honneth, 2011, p. 328f.）。そこでは，市場が機能するためには，諸主体が，協同する共同体の道徳的倫理的なメンバーとしてお互いを認識していることが必要であるとする

「ある種の規範的機能主義」（Honneth, 2011, p.332）の立場が語られる。ヘーゲルとデュルケームは，市場の制度的領域を，社会的自由の実現の規範的要求に位置づける（Honneth, 2011, p.348）。

第2の「消費の領域」では，消費の市場媒介的な分野が，個人主義的消費主義に侵されるものでありながら，社会的自由の制度のなかに捉えられる。その際，消費の市場には4つの規範——①許容される商品の範囲の限定，②価格が需要供給からだけでは決定されないこと，③贅沢品の許容範囲の限定，④消費者協働の獲得の必要性（Honneth, 2011, p.382f.）が指摘される。

第3の「生産とサーヴィスの領域」においては，賃金労働のあり方におけるネオリベラリズムと社会福祉的政策の対立が取り上げられる。19世紀の半ばにおける労働契約をめぐる論争において，契約の自由の個人主義的な理解と，契約の自由のシステムが規範的にそれを実現するための社会的前提を配慮することとが対立する（Honneth, 2011, p.420f.）。ホネットによれば，ヘーゲルとデュルケームは，この社会的前提として2つの規範を指摘しており，それらは労働過程における労働者の能力や自発性の発揮を期待すること（Honneth, 2011, p.439f.），最低賃金の保障（Honneth, 2011, p.446）である（日暮，2014, p.46f.）。これらの規範によって，労働市場の領域は，社会的自由の現実化として捉えられる。しかしホネットは，ネオリベラリズムの浸透によって賃労働の規範的身分が浸食され，今までの制度的獲得物も失われつつあると考える（Honneth, 2011, p.453）。規制緩和によるパートタイム，派遣労働，反抗の個人化が今日の労働の特徴であり，超国家的なレベルで組織された対抗運動だけが，最低賃金・労働現場補償・共同決定の意図を再活性化する機会をもたらすのである（Honneth, 2011, p.469）。

(3)「政治的公共圏の領域」

民主的人倫の中心は，社会的自由の具体化としての民主的「公共圏」であり，それは，「公共的熟議と意思形成との政治的領域」（Honneth, 2011, p.470f.）を意味している。ヘーゲルは，立憲君主「国家」を人倫の最高審級と捉え，その場面で他の領域つまり家族や市民社会における矛盾の解決を求めていた。それに

対してホネットは，民主的公共圏の実現がパーソナルな関係と市場の領域に依存し関係づけられていると考える（Honneth, 2011, p.473）。ホネットの民主的人倫概念では，これらの3領域はどれか1つが決定的な最高審級となることはなく，相互に相対的に自立しつつかつ依存し合いながら総体を形成していると捉えられるべきだろう。⁽⁸⁾ ホネットは，民主的公共圏の領域を，その民主的公共圏自身の歴史的発展の規範的再構成，近代的立憲国家の発展，民主的人倫の政治文化のあり方の3段階で描き出す。

　第1に，民主的公共圏の歴史的発展の規範的再構成においては，デュルケーム，J. デューイにまで遡及して，民主的公共圏は，「複雑な分業社会のなかで政治行為が合理的問題解決の能力を持つための認識論的保証」（Honneth, 2011, p.444）であり，「平和的な共同生活の社会条件を探究しそこから政治的希望と追求に値する価値との共同のイメージを展開する，一種の実験的な探究共同体」（Honneth, 2011, p.505）であるという定義が与えられる。民主的公共圏において諸個人は，強制のない熟議によって論拠の正統性のみを頼りとして共通の規範を意思形成過程を通じて形成しようとする。このような公共圏は18世紀ヨーロッパにおいて成立し，ブルジョワ公共圏から普遍的な民主的公共圏へと転換した。しかし他方で，マスメディアや文化産業における順応主義や，市民参加の政治文化におけるアパシーが社会的自由の実現を妨げている。ホネットは，民主的公共圏が社会的自由として展開される補足的条件として，①意見表明・政治参加への基本的権利の保証，②普遍的コミュニケーション空間の形成，③マスメディアの差異化されたシステムの展開，④視聴者の無償のイベント参加，⑤連帯の感情を反映させる政治文化の存在を挙げている（Honneth, 2011, p.539ff.）。

　第2に，民主的法治国家というフォーマルな民主的意思形成のレベルの発展に関してである。ホネットはそこでは，「法治国家が市民のコミュニケーション的意思形成のうちに繋留しているべきであるという規範的な考えが，1つの，しかし歴史的に昔から制度化された，その限り正統性効果のある基準である」（Honneth, 2011, p.570）とし，この基準を規範的再構成のために用いることを提案する。この民主的意思形成過程の発展には，2つの逸脱が指摘される（Honneth, 2011, p.572)。1つは，民主的意思形成の公共圏の保護拡張が，ただ不十分で選択的な仕方でなされ，市民の様々な民主的参加に困難をもたらす場合である。2つは，包括的な自己立法の過程の結果が，一面的・党派的なものに置き換えられることである。これは，国家が全国民のためと称しながら，一部の階級の利害しか代表していない場合である。戦後，資本主義的経済秩序と民主的法治国家との間には，緊張が横たわっていた。民主的法治国家が危機から脱する唯一の道は，市民的公共圏の社会運動を活性化することによって，資本主義的市場を規範秩序のなかに再埋め込み化するように議会に圧力をかけることである（Honneth, 2011, p.608f.）。そのための連帯のための道徳的資源として必要とされるのが，社会運動の背景にある文化である。

　第3に，社会的自由の3領域相互の関係と，その背後にある政治文化についてである。社会的自由の3領域であるパーソナルな関係，市場経済，民主的意思形成の関係については，自己立法は民主的意思形成を全制度の中心とすることによって他の領域に対して政治的法的原理をなす。しかし他方で，民主的意思形成の領域は他の2領域の自由の基本条件に依存している。「すべての社会構成員に対する民主的過程における平等な包摂の機会は，パーソナルな関係と経済市場との隣接する領域において制度化された，社会的自由の原理が解き放たれ現実化された程度において増加する」（Honneth, 2011, p.614）。その前提のもとで，ホネットは，それでも民主的意思形成の領域が他の2領域に優先されねばならない理由を2つ挙げる（Honneth, 2011, p.616）。1つは，民主的意思形成の領域だけが，国家による立法によって社会闘争によって獲得された変化に条件を与え，法的成果を保証し得ることである。2つには，民主的意思形成の領域が，他の領域が実践活動との関わりによって成り立つのに対して，討議による反省的主題化を行い得ることである。

　ホネットは民主的意思形成の領域の優先性を語っているが同時に，自由の原理の現実化の歴史的仮定の原動力と媒介をなすのは，「法ではなく，原理の適切な理解と，そこから生じる行為変更に関する社会闘争」（Honneth, 2011, p.614）である。ホネットは，西ヨーロッパが社会闘争によって，個体的自由と社会的

自由が拡張する進歩の持続的な道にあるとして，フランス革命から現在に至る社会闘争の集団的記憶を想起する。「（ハーバーマスの——引用者）憲法パトリオティズムは法媒体のみに非常に密着しすぎているが，自由のための集団的努力のヨーロッパの記録（アーカイヴ）に内在するパトリオティズムは，様々な諸領域において制度化された自由のすべての約束を現実化することを目指す」(Honneth, 2011, p.624)。ホネットは最後に，このような闘争の歴史に基づく「共有された慎重さと広げられた連帯のヨーロッパ文化」（*ibid.*）に対する希望を反語的に語ってこの著作を閉じている。つまり，西ヨーロッパにおける超国家的な公共圏が成立するためには，そのような社会闘争によって共有された連帯の文化が必要とされているのだが，それだけが現在存在していない，［したがって強く求められている］とするのである。

第4節　ホネット社会的自由論への評価

　ホネットは，『自由の権利』の全体において，その社会的自由の境位を現代正義論として打ち出していると言えよう。この著作について，現在多様な国際的討議が行われている(9)。ここでは，ホネット社会的自由論に対する論評を，ハーバーマスとの相違，『承認をめぐる闘争』との関連，ヘーゲル主義の問題性の3点にわたって試みよう。

　第1に，ハーバーマス理論との連続性と相違である。ホネットは，ハーバーマスの間主体性理論から多くの影響を受けていると同時に，それを批判的に刷新しようとしている。ホネットはハーバーマスとの理論的相違を端的に次のように語る。「ハーバーマスと私の企ての違いはとりわけ次の点にある。すなわち，ハーバーマスは近代法治国家の歴史的発展だけを規範的再構成の参照点とするのに対し，私は，正義論の課題として，そのような再構成をすべての制度的な価値諸領域の現実的発展の全幅において行うことが正しいと考える」(Honneth, 2011, p.120, note112)。ホネットは，社会的自由の領域として，ハーバーマスのように民主的法治国家における意思形成の領域だけでなく，パーソ

ナルな領域，市場経済の領域も挙げ，三者の相互連関を検討している。これは，ハーバーマスの法媒体に集中する正義論をより広く展開したものと言えよう。しかし同時にホネットは，民主的意思形成過程に他の2つの領域に対する優先性をも与えている（Honneth, 2011, p.616）。その点でホネットの規範的再構成は，ハーバーマス理論との相対的な連続性も維持していると言えよう。

　さらに，『自由の権利』において方法論的な問題で，ハーバーマス理論は，社会的自由の前段階である反省的自由に位置づけられていた。ハーバーマスの討議理論に対する批判は，方法論的には，反省的自由に対する批判と重なり合うことになる。そこでは，ホネットは反省的自由の問題点として，自由の実現を可能とする社会的条件を考察しておらず，主観と客観との分離に至っていることを挙げていた。つまり，参加者が実践的討議で何らかの規範に合意したとしても，その実施可能性は社会的現実のなかで問われねばならない。ホネットの社会的自由の立場は，自由をこの社会的制度のなかで実現するという観点に立つものであった。しかし他方で，「規範的再構成」において，主観的自由には現実の既成的な制度を批判する意義が与えられていた。つまり，諸主体は現実の諸制度に自らの規範を見出すことができないならば，その主観的自由から現実批判を行うのである。この点からすれば，ハーバーマスの反省的自由の領域も，当事者からする現実の社会批判として規範的再構成の一翼を担うはずである。ここでは，ハーバーマスの反省的自由は，社会的自由の一契機となってそれに包含されていると言えよう。

　第2に，『承認をめぐる闘争』との連続性と差異である。『自由の権利』は，1992年に出版された『承認をめぐる闘争』以来の書き下ろしの大著であり，『承認をめぐる闘争』が第1の主著であるならば第2の主著と言われるべきものだろう。『自由の権利』と『承認をめぐる闘争』とは，どのような理論的な連続性と差異とを持っているのだろうか。別言すれば，ホネットの理論はどのように展開したと考えられるだろうか。

　まず，理論構成上の体系的な問題として，『承認をめぐる闘争』においては，形式的人倫における承認の3段階は，「愛・法的状態・連帯」であったが，『自

由の権利』では，それらは，「パーソナルな関係・市場経済・民主的意思形成」の3領域として構成されている。この背後にあるのは，『承認をめぐる闘争』においていささか曖昧な印象を与えていた「連帯」のレベルが，現実社会における「労働の協働」として具体的イメージを与えられ (Honneth, 2000, p.309, 訳p.335)，『自由の権利』における「市場経済」の領域の規範性として捉え直されたことだろう。『承認をめぐる闘争』における「法的状態」も，相前後して出版されたハーバーマスの『事実性と妥当性』の民主的法治国家論を踏まえて，「民主的意思形成過程」の領域として再構成されたのだろうと考えられる。そして，全体に『自由の権利』では，よりヘーゲル『法哲学』に近い構成が取られるに至っている。

　以上は，体系の構成上の問題であるが，それより大きい変化は，『承認をめぐる闘争』が歴史を貫通した普遍的な人間学的本質を捉える形式的人間学の観点から3つの承認レベルを記述していたのに対して，『自由の権利』では3つの領域に関して歴史的・コンテクスト主義的記述方法が採用されていることである。ホネットのその方法は特に，「社会的自由」を3領域にしたがって具体的に記述している箇所で顕著である。ホネットの理論枠組みは，形式的人間学から歴史主義・コンテクスト主義へと変化したのだろうか。この問題を考察するのに助けとなるのは，両著書の中間の2003年に出版された『承認をめぐる闘争［増補版］』に収録されているあとがき「承認の根拠——批判的な反問に対する応答」である。

　　「ただし，当時，わたしの著作（『承認をめぐる闘争［初版］』——引用者）では，これら三つの様相が人間学的な定数ととらえられるものなのか，それとも歴史過程によってもたらされたものなのかをめぐって，どのように概念規定すべきなのかについて，なんらかの解決をみていたわけではなかった。……その間に，わたしは，人間学的な初発条件と歴史的な可変性とを，当初のアプローチよりもはるかに明確に区別するようになっていた」(Honneth, 2nd, 2003, p.309f., 訳 p.248f.)。

つまり、ホネットは、一方で諸個体は積極的な自己関係をつくるために相互承認によって社会の成員になっていくという普遍的側面と、他方で行動領域が分化していくなかで相互承認の形式が歴史的・コンテクスト的・可変的に変化していく側面との両面を分離するに至ったのである。『自由の権利』では、3つのレベルの相互承認が展開する社会制度が、歴史主義的・コンテクスト主義的に記述されている。しかし、この歴史主義的方法は、固有の困難を伴うものである。

第3に、ホネットが歴史的なヘーゲル主義を採用することから生じる独自の問題点についてである。ホネットは「緒論」において、歴史の多様性の記述に踏み込んでいく困難について語っている。それは、「規範的確信のない読者に私が主張する発展方向とそれから生じる帰結を説得的と思わせるほど、様々な知的領域から多くの発見と証拠を引き合いに出すという課題」(Honneth, 2011, p. 11) に直面するからである。つまり、歴史における社会制度をコンテクスト主義的に記述した場合、具体的な展開の多様性に埋没する危険がある。それは、相対主義に至り得る。おそらくホネットはこの危険を避けるために、「歴史的目的論」(Honneth, 2011, p.22)、「進歩」について語り、これに反するものを「誤った発展」として記述しているのである。しかし、ホネットはどのようなパースペクティヴからこのような歴史全体を俯瞰するような目的論を語り得るのだろうか。

ホネットの「批判的再構成」の方法は、歴史の具体的な場面で、参加者たちのパースペクティヴから反抗的な社会闘争を記述しそのなかで規範の展開を見るものであった。そしてその社会闘争の評価に関しては、おそらく哲学者＝観察者のパースペクティヴから総括を行うものと考えられる。その際、民衆における抵抗運動に、相反する2つの方向性があるなら、どちらが歴史の目的に沿った「正統な発展」であり、どちらが「誤った発展」であると言えるのだろうか。例えば批判者R. クラーセンは、ネオリベラリズムに対抗し市場を規範のなかに再埋め込み化しようとする社会民主的運動と、ネオリベラリズムを前進させるティーパーティのような運動の間で、ホネットが前者を選ぶことには

根拠が示せていないと考える（Claasen, 2013, p.29）。たしかにこの両者のなかで歴史の目的論の観点からどちらかを選ぼうとするのは，歴史の目的をあまりにも「濃い」ものとして具体化しすぎていると思われる。総括する哲学者＝観察者のパースペクティヴから歴史の目的として語り得るのは，近代における「個人の自律という意味の自由」（Honneth, 2011, p.35）という抽象度の高い概念，または承認の諸基本形式までであり，この自由がどのような具体的形態・社会制度を取るべきかは，その時々の歴史的社会状況のなかで，参加者のパースペクティヴから解釈を加え社会闘争において示されるしかない。競合する規範の発展形態が現れたときどれが採用されるべきかは，参加者のパースペクティヴにおいて，参加者が実践的討議において論拠を出し合い合意することによって決めるしかなかろう。そして，民主的法治国家の民主的意思形成過程は，その規範の発展形態を法制化し，その法は当該社会に対して拘束力を持つ。このように考えるならば，ホネットの「規範的再構成」の方法は，多くの相違点を残しながらも，ハーバーマスの民主的法治国家における政治的意思形成の立場に接近していくのではないだろうか（日暮, 2014, p.52 参照）。

第5節　ホネット社会的自由論の今後の展開可能性

　本章においては，ホネット『自由の権利』の内容を分析しその特徴を示し，コメントを加えてきた。最後に，ホネット理論を今後発展させる方向の可能性について3つほど触れておきたい。
　第1に，ホネットの理論を，日本の状況に適用し展開することについてである。私たちは，日本における参加者のパースペクティヴから，ホネットの言うパーソナルな関係，市場経済，民主的意思形成の3領域における規範の形態化を，具体的・総合的に行わなければならない。その際，日本においては，家庭内不払い労働が資本主義制度の必然的な一部として機能していること，日本においては西ヨーロッパ以上にネオリベラリズムが浸透し福祉制度が解体しているのでそれとの対決を考察すること，その際自己責任論等が社会批判を封殺す

るイデオロギーとして機能していること等が考慮に入れられねばならない（中西・高山，2009, p.30f.）。そのなかで，総合的に，現在のヘゲモニー布置連関を分析して参加者のパースペクティヴからの抵抗のプログラムを提示する必要がある[12]。

　第2に，ホネット『自由の権利』の持つ方法的ナショナリズムと，進展する世界のグローバル化に関してである。R．ガブリエルは，『自由の権利』が方法的ナショナリズムを採用していることを批判し，正義論をグローバル化の進展する過程を考慮に入れて再定式化する必要があるとする（Gabriël, 2013, p.6）。それに対するホネットの反論は，ガブリエルの「方法的コスモポリタニズム」を「素晴らしい考え」と呼びつつも，そのようなすべての国民国家の残留物を取りさり得るとする考えには確固たる経験的証拠がないのではないか，というものである（Honneth, 2013, p.46）。たしかに今日，正義論を一挙にコスモポリタニズムの観点から展開するのは早計である。しかし，民主的意思形成を，グローバルなレベル，EU共同体等の地域共同体のレベル，個々の国民国家のレベルの各層において，またさらにそれぞれのフォーマルな過程とインフォーマルな市民的公共圏における過程とを区別して論じることは必要ではないだろうか。そうすることによって複数化された「トランスナショナルな公共圏」も構想することができるだろう[13]。

　第3に，ホネットの「規範的再構成」に関する方法的問題である。ホネットは，ヘーゲルの，否定的自由と道徳的自由の立場における個人が人倫システムを拒絶することについての評価を取り上げる。「ヘーゲルは，両者（否定的自由と道徳的自由――引用者）を，本来の社会的自由の制度的装置を危機に陥れない限りにおいてのみ許容する。……そのようなシステムの拒絶と反抗とがある程度多くの人々に荷われていたら，ヘーゲルが法的自由と道徳的自由にシステムを破壊する正統性を与える準備があったかどうかは，面白い問題ではあるが，ここでは取り上げない」（Honneth, 2011, p.110）。このヘーゲルが取り上げなかった問題――諸個人の主観的自由における反抗が一定数の人に共有されるとどうなるか――を，ホネットは自分の規範的再構成における社会闘争の意義として

取り上げているはずである。それが，社会闘争において参加者たちが人倫システムの既成の規範制度に反抗しつつ，より進展した具体的形態を与えることに示される。そのような形で，社会的自由には社会闘争の契機において，否定的自由，道徳的自由が包摂されるはずである。しかし，もともとこの両者の自由は主観的自由として，現実社会から分離し孤立した個人の持つ自由として構想されていた。反抗的な社会運動のなかで，どのように一定数の人々に，規範の新たな具体的形態が共有され実現されるのか，そのためには人々を結びつけるどのような習慣・社会文化が必要なのか——この社会運動を形成する集団と個人の媒介の論理に関しては，ホネットの分析はまだ未展開であると思われる。これについては，社会文化的なヘゲモニー論と結合して展開することが，今後の社会理論の発展にとって有意義であろう。(14)

〈注〉
（1）ホネット自身は，自分が「第三世代」と表現されることについてはかなりの躊躇を見せている。ホネットは，以下のインタヴューで，第三世代とは，第一世代ホルクハイマー，アドルノと第二世代ハーバーマスとの両者をうまく総合し得る者でなければならず，そういう者は今のところアルブレヒト・ヴェルマーしか見あたらず，自分はまだその課題を十分に果たしていない，と謙遜気味に答えている（Osborne and Finke, 1993, pp.33-42）。
（2）T. シュタールは，ホネットの方法論を，規範をコンテクストから独立したところから正当化する「外在的批判（externe Kritik）」や所属する共同体の規範を基準とする「内的批判（interne K.）」から区別される「内在的批判（immanente K.）」として特徴づける（Stahl, 2013, p.37f.）。
（3）ホネットのヘーゲル職業団体論に関しては，日暮，2014, 47f.を参照。
（4）ホネットは，否定的自由の現代的ヴァージョンとして，J.-P. サルトルや R. ノージックをも取り上げている（Honneth, 2011, p.48ff.）。
（5）反省的自由における「正義の手続き概念」は，ハーバーマスの『事実性と妥当性』（Habermas, 1992）における民主的法治国家の政治的意思形成過程における法制定の手続きを概念化したものだろう。
（6）F. ニューハウザーはホネットとともにこの概念を重視している（Newhauser, 2000, p.5 ff.）。ホネットは，『自由の権利』における社会的自由に関する脚注でニューハウザーのこの著作の参照している（Honneth, 2011, p.82, fn.78）。したがって，ニューハウザーのヘーゲル「社会的自由」論がホネットの『自由の権利』に大きな影響を与えたと考えられる。
（7）ヴァン・デン・ブリンクはホネットの人倫記述に関して，「一方で，市場と民主的政治の頁を通して適切なペシミズムが息づいているが，他方で，近代のパーソナルな関係に関しては清新なオプティミズムがある」（v.d.Brink, 2013, p.23）とする。
（8）しかし後に見るように，これら3つの領域のなかでは，民主的公共圏に相対的な優位が

与えられている。
(9) そのような国際的討議の1つとして，2012年3月アムステルダム大学において，R. セリカテスとB. レスラーによってホネットの『自由の権利』をめぐるワークショップが組織され，その報告集が Krisis の一巻として公刊された。そこでは7人の論者の，方法論や多様な領域に関わる論考とともに，最後にホネットの Reply が所収されている。セリカテスは序文で，ヘーゲル『法哲学』が哲学と社会学を統合する課題を持っており，ホネットの『自由の権利』がその課題に現代的に刷新して答えていることを指摘している（Celikates, 2013, p. 2 f.）。
(10) 筆者が2013年秋学期にホネットにインタヴューしたところ，フレイザーとの論争（Fraser and Honneth, 2003）の成果として，相互承認が歴史的社会制度の中で具体的な形態を取ることに着目したことを挙げていた。また，筆者の「人間学的方法から歴史的・コンテクスト主義的方法に変化したのか」という質問に対して，ホネットは「人間学的方法は後景に退いたのであってなくなったわけではない」と答えていた。
(11) N. フレイザーは，資本主義制度は，生産パラダイムだけではなく，その背景にある必然的な3つの条件——家庭などの再生産，地球エコロジー，政治権力から把握されると考える（Fraser, 2014, p. 6 ff.）。本書第8章参照。
(12) 本書の各章は，それぞれの領域からこの課題に取り組んだものと言えるだろう。
(13) フレイザーは，公共圏を個々の国民国家を中心に考えるハーバーマス的なウェストファリア的フレームに対して，ポスト・ウェストファリア的な「トランスナショナルな公共圏」（Fraser, 2008, p.76, 訳 p.105）を提起している。本書第8章を参照。
(14) ヘゲモニー論については，本書第2章を参照。

〈文献〉
中西新太郎・高山智樹編『ノンエリート青年の社会空間』大月書店，2009年。
日暮雅夫『討議と承認の社会理論——ハーバーマスとホネット』勁草書房，2008年。
日暮雅夫「フランクフルト学派における「市民社会」の問題——ハーバーマスとホネット」（シンポジウムＩ現代の危機に答えるヘーゲル）『ヘーゲル哲学研究』第20号，日本ヘーゲル学会編，pp.45-54, 2014年。
ホネット，アクセル・日暮雅夫・岩崎稔「批判的社会理論の承認論的転回——アクセル・ホネットへのインタヴュー」永井彰・日暮雅夫編著『批判的社会理論の現在』晃洋書房，2003年。
Celikates, R., "Dossier The Right of Freedom. A Debate with Honneth on his Book *Das Recht der Freiheit*. Introduction", *Krisis, Journal for contemporary philosophy*, Issue1, www.krisis.eu., 2013.
Claasen, R., "Justice: Constructive or Reconstructive?", *Krisis, Journal for contemporary philosophy*, Issue1, www.krisis.eu., 2013.
————, "Social Freedom and the Demands of Justice: A Study of Honneth's Recht der Freiheit," in *Constellations*, Volume 21, Number 1, 2014.
Osborne, P. and Finke, S., "Critical Theory in Germany Today. An Interview With Axel Honneth", in *Radical Philosophy*, 65, 1993.
Fraser, N. and Honneth, A., *Redistribution or Recognition?*, Verso, 2003.（加藤泰史監訳『再分

配か承認か』法政大学出版局，2012 年）。
Fraser, N., *Scales of Justice*, Polity Press, 2008.（向山恭一訳『正義の秤』法政大学出版局，2013 年）。
――――,"Behind Marx's Hidden Abode", *New Left Review* 86, Mar Apr 2014.
Gabriël, R., "There must be some way out of here", *Krisis, Journal for contemporary philosophy*, Issue1,www.krisis.eu., 2013.
Habermas, J., *Faktizität und Geltung*, Suhrkamp, Frankfurt am Main, 1992.（河上倫逸・耳野健二訳『事実性と妥当性』未來社，上巻 2002 年，下巻 2003 年）。
Hegel, G.W.F., *Grundlinien der Philosophie des Rechts*, Frankfurt/M., Theorie-Werkausgabe, BD.7, 1970.（上妻精・佐藤康邦・山田忠彰訳『ヘーゲル全集 9b　法の哲学　自然法と国家学の要綱』岩波書店，上巻 2000 年，下巻 2001 年）。
Honneth, A., *Das Andere der Gerechtigkeit*, Suhrkamp, Frankfurt am Main, 2000.（加藤泰史・日暮雅夫ほか訳『正義の他者』法政大学出版局，2005 年）。
――――, *Kampf um Anerkennung*, Suhrkamp, Frankfurt am Main, 2nd, 2003.（山本啓・直江清隆訳『承認をめぐる闘争［増補版］』法政大学出版局，2014 年）。
――――, *Das Recht der Freiheit*, Suhrkamp, Frankfurt am Main, 2011.
――――, "Replies", *Krisis, Journal for contemporary philosophy*, Issue1, www.krisis.eu., 2013.
Newhauser, F., *Foundations of Hegel's Social Theory: Actualizing Freedom*, Harvard University Press, 2000.
Stahl, T., *Immanente Kritik. Elemente einer Theorie sozialer Praktiken*, Campus Verlag, 2013.
v.d. Brink, B., "From Personal Relations to the Rest of Society", *Krisis, Journal for contemporary philosophy*, Issue1,www.krisis.eu., 2013.

（日暮雅夫）

第2章
政治的ヘゲモニーから知的・道徳的ヘゲモニーへ
——グラムシ『獄中ノート』におけるヘゲモニー論の諸相——

　今日，現代思想や社会科学の本や論文のなかでは，A．グラムシ（Antonio Gramsci, 1891-1937）の「ヘゲモニー（egemonia）」という用語が当たり前のように使用されている。思想や社会科学の世界で「ヘゲモニー」は，それだけ周知のものになったということだろう。だがしかし，依然としてその概念は漠然として捉えどころがない。理解することが困難であるし，どの解釈にも納得がいかない。いずれの説明にもなぜ"割り切れなさ"を感じるのだろうか。本章の目的は，このような疑問に答えることにある。

　ヘゲモニーの語源は，ギリシア語の「ヘゲスタイン」（先導する）である（松田，2015, p.196）。この用語は，グラムシがロシア革命の指導者レーニンから受け継いだものである。イタリアの政治思想家ノルベルト・ボッビオによれば，ヘゲモニーの概念のなかには"政治指導の契機"と"文化指導の契機"とが包摂されている。レーニンのヘゲモニー概念のなかでは"政治的契機"が優勢であり，グラムシのなかでは"文化的契機"が優勢である（Bobbio, 1990, p.61, 訳 p.77）。この点に関しては後で詳しく見ることにするが，グラムシのヘゲモニー論がレイモンド・ウィリアムズやスチュアート・ホールなどイギリスのカルチュラル・スタディーズの潮流に大きな影響を与え，『オリエンタリズム』を著したエドワード・サイードに理論的インスピレーションを与えたのはやはり，ヘゲモニー論が"文化指導の契機"と同時に"政治指導の契機"を包摂しているからではないだろうか。そしてヘゲモニー概念の難解さもまた，この点に存すると考えられる。以下では，この難解さの正体に迫っていきたい。

　第1節ではヘゲモニー概念に関する説明を，ボッビオやジェルラターナなど

イタリアの先行研究を中心にして紹介したい。そして，ヘゲモニー概念が『獄中ノート』(1929～1936年，全29冊)のなかでどのように推移していったのか，その概略を提示したい。第2節では第1節で示した概略の一断面を，『獄中ノート』のQ1§44A(1929～1930年)とQ19§24C(1934～1935年)の同一箇所を比較することによって検証したい。両者の比較検討によって，ヘゲモニー概念の一断面を明らかにすることができると考える。第3節では，ヘゲモニー論が持つ理論的かつ実践的意義を紹介したい。まず，ヘゲモニー論が国家論に対して持つ意義である。そして，「経済主義」批判としてのヘゲモニー論の持つ理論的・実践的意義である。最後の節では，有効なヘゲモニー行使とはどのようなものを指すのかを提示したい。

本章を通じてヘゲモニー概念に関する本質的な理解が進み，そのことが"失地回復"の一助とならんことを願っている。

第1節　ヘゲモニー論へのプレリュード
——政治的指導の契機と文化的指導の契機

(1) ヘゲモニー概念——ボッビオとジェルラターナの見解を中心にして

そもそも「ヘゲモニー」とは何か，「ヘゲモニー行為」とは何を目的とするのか，そして「ヘゲモニーの機能」とは何を指すのか。本節では次節以下の議論を円滑に進めていくために，ボッビオやジェルラターナ等の先行研究を参照にしてヘゲモニーに関する説明を一瞥しておきたい。

ボッビオは論文集『グラムシ思想の再検討 (*Saggi su Gramsci*)』のなかで，「グラムシのヘゲモニー論は，政治指導に加えて文化指導の契機を含意しており，伝達機関として政党だけでなく，文化の形成と普及に何がしかの関係を持つ（グラムシ的意味で理解された）市民社会の他のすべての制度をも包含しているのである」(Bobbio, *op. cit.*, p.61, 訳 p.78) と述べている。ここでは彼はヘゲモニー行為そのものというよりも，「ヘゲモニー論」の説明をしており曖昧さを含んでいるが，ヘゲモニーの行使が「政治指導」と「文化指導」の両契機を含んでいるということがわかる。またヘゲモニーが「政党」や「市民社会」の諸

第2章 政治的ヘゲモニーから知的・道徳的ヘゲモニーへ

制度を通して行使されることが示されている。

　彼はまた別の箇所で，ヘゲモニーの概念のなかには「（政治指導の主題である）『集団的意思』の形成に関する命題」と，「（文化指導の主題である）『知的・道徳的改革』の命題」が含まれるとしている（Bobbio, *op. cit.*, p.60, 訳 p.77）。この一節からは，ヘゲモニー行為とは「『集団的意思』の形成」と「『知的・道徳的改革』」の遂行を目的とすることが理解できる。そして，ヘゲモニー概念のなかでは，「政治指導の主題」と「文化指導の主題」の両者が相まって通奏低音となっていることがわかる。

　ボッビオのこの論文に言及しながらフランチョーニは，「『獄中ノート』のなかでは2つの用語（ヘゲモニー〔egemonia〕と指導〔direzione〕）は同義語として使用されている」と述べている（Francioni, 1985, pp.155-156）。フランチョーニの補足からも，ヘゲモニーと指導とが「同義語（sinonimo）」だということがわかる。

　『獄中ノート』（"校訂版"）の編者であるジェルラターナは，『グラムシ 方法的諸問題』のなかで「ヘゲモニーというこの総体的概念は，指導の機能と支配の機能との種差（differenziazione）を通して，グラムシの思想を構成している」と述べている（Gerratana, 1997, p.122）。そして，「ヘゲモニーとは一般的には，政治的，知的かつ道徳的な指導をどの程度有効なものへと変換できるかという，その限りでの指導能力のことである」と説明を加えている。彼は同書のなかで，①ヘゲモニーの概念は「指導の機能と支配の機能との種差」を通して把握されるべきこと，②ヘゲモニーはその「有効」性の観点から政治的・知的・道徳的な「指導能力（capacità di guidare）」として理解されるべきことを説いている（Gerratana, *op. cit.*, p.124）。

　以上，イタリアのグラムシ研究者3人の説明を紹介した。3人は戦後のグラムシ研究を先導してきた文字通りの"大家"である。だが，これ以上定義を重ねてもヘゲモニー概念は明確にならないのではないだろうか。なぜなら，ヘゲモニー概念は――ジェルラターナが言うように――「総体的（generale）」なものだからである。言いかえるならば，それは『獄中ノート』の隅々にまで浸透

している「主題中の主題」(松田, 2013, p.135) だからである。ヘゲモニーというきわめて総体的かつ主題的な概念を，具体的な文脈を無視して"類概念"として抽出しようとすること自体が，危険な罠なのである。

(2) ヘゲモニー概念の重層性と総体性

　現代イタリアのグラムシ研究の第一人者であるグイード・リグオーリは『グラムシ辞典』(2011年) のなかで，グラムシの概念規定の仕方——ヘゲモニーの概念ではなく，イデオロギーの概念に関してであるが——について以下のように説明している。

　　この用語［イデオロギー］は，それ自体がまた「概念群」でもある項目群に文節化される。つまり，イデオロギー，哲学，世界に関する見解あるいは世界観，宗教と信仰（クローチェ的な意味での），順応主義，常識，民間伝承，言語である。これら用語のいずれもが，他の用語と完全に一致することはないが，相互に連関している (Liguori, *DIZIONARIO*, 2011, p.402)。

　リグオーリのこの何気ない一節は，グラムシの概念規定の仕方の特徴をきわめて適切に教えてくれている。
　グラムシは概念規定を行うとき，形式論理的・命題論的な方法ではなくて，不一致と連関からなる重層的な「概念群」を通過させることで当該概念が際立つような方法をとっている。言いかえるならば，彼がある概念を規定しようとする際には，当該概念と他の諸概念との不一致と連関の文脈のなかでしか理解できないような方法を好んで用いているのである[2]。それは彼が「ヘゲモニー」の概念を説明しようとするときも同様である。
　現代思想や社会科学の領域のなかでヘゲモニーという用語は，最も使用頻度の高いものの1つであろう。にもかかわらず一向にその概念が明確にならないのは，グラムシの概念規定がきわめて文脈依存的な (contestuale) 方法をとっているからだと考えられる。したがって，われわれがヘゲモニー概念を理解す

るためには，それがどのような概念と対置されているか，同時にいかなる概念と等置されているか，それぞれの文脈のなかで一つひとつ慎重に検討していくしか手立てがないのである。

　手始めに，グラムシが「ヘゲモニー」という用語にどのような形容詞を付しているのかを調べてみたい。これは一見瑣末な作業に思われるかもしれないが，ここからある傾向を読みとることができる。それは以下の通りである。

　「政治的ヘゲモニー」（Q1§44A，Q8§185B），「知的ヘゲモニー」（Q4§38A，Q13§18C）や「政治的・知的ヘゲモニー」（Q4§38A，Q13§26C），「政治的・文化的ヘゲモニー」（Q6§24B，Q13§26B），「ヘゲモニー（倫理的・政治的）」（Q10§12C），「倫理的・政治的ヘゲモニー」（Q13§17C），「知的・道徳的・政治的ヘゲモニー」（Q19§24C），「文化的ヘゲモニー」（Q13§26C，Q29§3B）などが表現として使用されている。その他には「社会的ヘゲモニー」（Q10§10C）や「経済的［ヘゲモニー］」（Q13§17C）などと表現されている。

　『獄中ノート』のなかのヘゲモニー言及箇所を総体的に検討してみるならば，グラムシは主として「政治的（politico）」や「知的（intellettuale）」，「文化的（culturale）」などの形容詞を使用していることが明らかになる。

　より詳しく言うならば，次のようになる。「ヘゲモニー」について触れられている最初のQ1では「政治的ヘゲモニー」と表現されており，Q4やQ6になると「知的」・「文化的」などの修飾詞が目立つようになる。そしてQ10では「倫理的」・「道徳的」等の形容詞が加えられ，Q19では「知的・道徳的・政治的ヘゲモニー」と，それまでの修飾詞をすべて包摂するかのような表現がなされていることがわかる。

　概括的に見るならば，①グラムシのヘゲモニー概念は『獄中ノート』執筆の当初は，「政治的な」意義が強かった——相対的な意味で——と言うことができる。②その後，ヘゲモニーの「知的」・「文化的」意義および「倫理的」・「道徳的」意義が強調されるようになっていった。③『獄中ノート』のなかで最後に使用されたのは，「文化的ヘゲモニー」である（Q29§3B）。以上からヘゲモニー概念のアクセントは——ボッビオの言葉を借りるならば——，①「文化指

導の契機」に対する「政治指導の契機」の優位→②「政治指導の契機」と「文化指導の契機」との拮抗→③「政治指導の契機」に対する「文化指導の契機」の優位という形で推移していったと考えられる。

第2節　『獄中ノート』におけるヘゲモニー論の変容
── Q1§44A草稿への加筆修正問題をめぐって

(1) 指導と支配の区別と連関

　すでに見たようにジェルラターナは，ヘゲモニー概念は「指導の機能と支配の機能との種差」を通して理解されなくてはならないと述べた。そこで本章では『獄中ノート』のなかで「指導」と「支配」に関する最も重要な箇所の1つだと言われている，Q19§24C と Q1§44A に焦点を当てて，「指導」と「支配」を対比しながら詳細に検討していきたい。

　そしてさらに，Q1§44A（1929〜1930年）と Q19§24C（1934〜1935年）の同一個所を取りあげ，Q19§24C（「第二次執筆」）では Q1§44A（「第一次執筆」）のどの部分に加筆修正がなされたのか，そして両ノートのなかでヘゲモニー概念を中心とした諸概念がどのように修正されたのか，さらにその加筆修正はいかなる理由からなされたのかを探っていきたい。ヘゲモニーの概念を，①具体的な文脈のなかに置いて，②その重心がどのように移動したのかをより詳しく見ていくことにより，ヘゲモニー概念の本質的一端が浮かび上がってくると考えられる。

　グラムシは「ある社会集団」が支配的集団となる「以前」には何が必要なのか，そしてまた支配的集団となった「以後」には何が必要なのか，「指導」と「支配」を軸にして以下のように展開している。(3)

　　ある社会集団の優位性は2つの形態，つまり「支配」および「知的・道徳的指導」として具現される。支配はある社会集団が，武力を用いても敵対的諸集団を「一掃」ないし屈服させようとする形態であり，指導は近親的諸集団と同盟的諸集団に対する形態である。ある社会集団は統治権力を獲得する

以前にすでに指導的であり得るし，また指導的でなければならない（これが権力そのものの獲得にとっての主要条件の1つである）。権力獲得後，その社会集団が権力を行使する場合，さらにその権力を強力に掌握する場合において，その社会集団は支配的集団となるが，かれらはなお「指導的」でありつづけなくてはならないのである。（中略）穏健派の政治から次のことが明らかになってくる。つまり権力に到達する以前においても，ヘゲモニーを目指す活動はあり得るし，またなくてはならないということ，さらに有効な指導を行うには，権力がもたらす物質的な力のみに依拠してはならないということである（Q19§24C）。

この一節からわかることは，ある社会集団が国家のなかで「優位性（la supremazia）」を確保するためには，「支配（dominio）」と「指導（direzione）」の双方を遂行する能力を持たなくてはならないということである。武力を用いてでも敵対的諸集団を一掃し，屈服させる優位性の形態が「支配」である。それに対して近親的諸集団や同盟的諸集団には，「指導」という形態を通して優位性が示されなくてはならない。ある社会集団の優位性は，これら「支配」と「指導」によって示される。ところでここで重要なのは，優位性を示す2つの形態，つまり「支配」と「指導」との関係ではないだろうか。

ある社会集団が統治権力を獲得するためには，権力獲得「以前（prima）」に「指導的」でなくてはならず，また権力獲得「以後（dopo）」も引き続き「指導的」でなくてはならない。そして，「指導的」であることは「権力そのものの獲得」にとって主要条件の1つであるし，「権力を強力に掌握する」際も「指導的」であらねばならない。ある社会集団は権力「獲得」のためにも——権力獲得「以前」にも——，また権力「行使」のためにも——権力獲得「以後」も——引き続き「指導的」であらねばならないのである。

以上の点を総合的に考え併せるならば，あらゆる形態の権力行使を保証し正統化しているものは，「ヘゲモニー」だということにならないだろうか。同様に，ある社会集団が持つ「優位性」も直接的な「支配」の実行によるのではな

くて，「知的・道徳的ヘゲモニー」の行使能力に由来すると言ってよいのではないだろうか。そして，もしも『獄中ノート』執筆の過程でヘゲモニー論の軸が「政治的指導」から「知的・道徳的指導」へと移行したことが事実ならば，「支配的集団」に最も要求されるものは，「知的・道徳的ヘゲモニー」の行使能力だということにならないだろうか。

(2) 政治的指導から知的・道徳的指導へ

グラムシは Q19§24C を執筆する際，Q1§44A に加筆修正するという形をとっている。本節では彼が Q19§24C を執筆する過程で，Q1§44A にどのような修正を加えたのかを確認したい。そしてそのことを通して，修正の持つ意味を探ってみたい。(4)

以下の一節は，先の引用・Q19§24C の A 草稿，つまり Q1§44A のなかの該当箇所である。

> ある階級は 2 つの形態で支配的である。つまり「指導的」なものと「支配的」なものである。同盟的諸階級に対しては指導的であり，敵対的諸階級に対しては支配的である。したがって，ある階級は権力に到達する以前にすでに「指導的」であり得る（また，そうでなくてはならない）。ある階級は権力の座に就いた場合には支配的となるが，なお「指導的」でありつづけなくてはならないのである。（中略）政権獲得以前にも「政治的ヘゲモニー」は存在し得るし，また存在しなくてはならないということ，さらに政治的指導あるいは政治的ヘゲモニーを行使するためには，権力および権力が与える物質的な力に依存してはならないということである（Q1§44A）。

Q19§24C 草稿と比べてみると，主として以下の 3 点が異なっていることがわかる。

① A 草稿では単に「指導的」とだけ表現されている箇所が，C 草稿では「知的・道徳的指導」と書きかえられている。また，A 草稿では「政治的指

導」と表現されている箇所が，C草稿では「政治的」という形容詞が削除されて，「有効な」という形容詞に替えられている（「有効な指導」）。② A草稿では「政治的ヘゲモニー」と記されていた箇所が，C草稿では単に「ヘゲモニー」とだけ記され，「政治的」という形容詞が削除されている。③ A草稿では「同盟諸階級」や「敵対的諸階級」と記されていたものが，「同盟的諸集団」や「敵対的諸集団」と改められている。つまり，当該箇所の「階級（classe）」がすべて「集団（gruppo）」に置きかえられているのだ。

以上のようにQ1§44Aにはドラスティックな修正が加えられている。「指導的」が「知的モラル的［道徳的］指導」へ，「政治的ヘゲモニー」が「ヘゲモニー」へ，「階級」が「集団」へと書き変えられた理由は何なのだろうか。ここでは①と②に関わる点について論じたい。

1つ考えられるのは，Q1§44A（1929～1930年）からQ19§24C（1934～1935年）までの間には，通称「ブハーリン・ノート」（Q11, 1932～1933年）や「知識人論ノート」（Q12, 1932年）など，世界観の多様性や知識の位階制（"哲学・科学─常識─民間伝承"），それから知識人の機能（ヘゲモニーの「創造者」としての最上位の知識人や，人民大衆と直に接触する，ヘゲモニーの「普及者」としての最下位の知識人等）を根本的に論じた「特別ノート」群が書かれたことが関係しているのではないかということである。

そのなかでも特に「ブハーリン・ノート」（Q11）においては，グラムシの哲学・思想論の中核の1つだとも言える「常識（senso comune）」の問題が根本的に論じられている（Q11§12C, §13C等）。彼は同ノートのなかで，常識は民衆諸階層の「自然発生的哲学（filosofia spontanea）」であって，それは人民大衆の「人生観」や「道徳観」を包摂していると述べている。そして常識を「粗野な（volgare）思想」と形容しながら，それが古い宗教的諸観念や民間伝承，迷信・科学的偏見等々から構成されている，「断片的で，矛盾に満ちた，首尾一貫しない」世界観だと批判している（尾場瀬, 2015, pp.173-176）。グラムシは最終的には，常識を「新しいものにたいする見すぼらしい保守主義者で反動主義者」にほかならないと難じている（Q11§12C）。

以上の点を考慮に入れるならば，次のように言えるだろう。グラムシは常識や民衆知，従属集団や民衆諸階層，知識人に関する議論を整理・執筆していく過程で——より具体的に言えば，Q3（1930年）やQ4（1930～1932年）等で——，大衆の思考様式を根底から規定している「人民大衆の世界観」を根本的に刷新する必要を痛感したのではないだろうか。言いかえるならば，人民大衆の「自然発生的哲学」のなかに含まれている「健全な核」を掬い上げ，「意識的指導」を通して知的秩序を具えた「良識（buon senso）」へ高めるという課題の重要性を再認識したのではないだろうか（「『自然発生性』と『意識的指導』との統一」Q3§48B）。

　筆者は，「特別ノート」群の準備・執筆のプロセスにおいてグラムシは「（政治指導の主題である）『集団的意思』の形成に関する命題」と「（文化指導の主題である）『知的・道徳的改革』の命題」との深層における結びつきを"再発見"したのではないかと考えている。そしてその結果，「政治的指導」から「知的・道徳的指導」へとその重心をシフトさせていったのではないかと推測する。

(3) 階級概念から社会集団の概念へ

　では，③の問題点に関しては，どのような理由が考えられるだろうか。つまり「階級」が「集団」に置きかえられたのは，いかなる理由によるのだろうか。
　グラムシはQ11「ブハーリン・ノート」のなかで常識論を展開している際，常識の構成要素である「宗教」について批判的検討を加えている。そしてその際，以下のように「カトリック教」について説明を行っている。

> 　実際上，異なった宗教ごとの多様性があり，それらはしばしば相矛盾している。つまり，農民のカトリック教，小ブルジョワジーのカトリック教や都市労働者のカトリック教，女性のカトリック教や知識人のカトリック教があり，それらは多種多様でありバラバラなのである（Q11§13C）。

　もしもグラムシの言う通りだとすれば，「断片的な常識の要素は宗教」なの

第2章 政治的ヘゲモニーから知的・道徳的ヘゲモニーへ

だから（Q11§12C），「常識」にも多種多様な形態が存在すると考えるべきではないだろうか。つまり，「農民の」常識，「小ブルジョワジーの」常識や「都市労働者の」常識，「女性の」常識や「知識人の」常識があると考えてもよいのではないだろうか。実際グラムシは，「すべての社会階層は自らの『常識』と『良識』をもつ」と述べている（Q24§4C）。また彼は，常識は「固定的で不変な何かではない」と言っている。常識もまた，「時代と場所」によってきわめて多種多様な形態をとるのである。

このように言えるのであれば，「人民の世界観」も多種多様だということになる。そして，一元的な階級論的規定だけでは様々な社会階層の「常識」を把握することはできないということが言えるだろう。実際のところ，「農民の」常識，「小ブルジョワジーの」常識や「都市労働者の」常識，「女性の」常識や「知識人の」常識を，一元的な階級論的規定に押し込めて説明することは不可能である。多種多様な「人民大衆の世界観」・「常識」を把握するためには，階級論的規定よりもさらに分節化された"集団概念"が必要になるのは当然だろう。

グラムシは「常識」や「民衆知」，「民衆諸階層」や「従属階級」，「自覚的な指導集団」について論じている重要なノート（Q3§48B）のなかで，「具体的な感情，ものの見方，世界観の断片」を抽象的理論で裁断する態度を，以下のように戒めている。

　それにしても現実は奇妙な結合に満ちており，理論はこの奇妙さのなかに自らの理論の証拠を跡づけ，歴史的生活の諸要素を理論的言語に「翻訳」しなくてはならない。その反対に，現実を抽象的な図式にしたがって表現してはならないのである（Q3§48B）。

以上の論点について筆者は，次のように考えている。グラムシは"集団概念"の拡張によって，「粗野な，階級一元論的社会認識」（平田，1973, p.201）から自由になること——そのことによって階級概念は，より分節化された形で保

持される——ができた。そしてその結果として,「女性の」世界観("ジェンダー的"な視点)をも含めたより柔軟で弾力性のある"集団概念"を,理論的に包摂することができるようになった。つまり,グラムシは「階級」や「社会階層」,「社会集団」の概念を組み合わせることによって,多様性に満ちた「人民の世界観」に相即することが可能になったのではないだろうか。[7]

それから,Q1§44A → Q19§24C の過程で,①「指導」→「知的・道徳的指導」,②「政治的ヘゲモニー」→「ヘゲモニー」,③「政治的な指導」→「有効な指導」,④「階級」→「集団」と置きかえられたのならば,「政治的ヘゲモニー」と「階級」との間,そして「知的・道徳的指導」と「集団」との間には,何らかの概念的相関性があると見るべきではないだろうか。人民大衆の「常識」や「民間伝承」,「道徳観」に対する理論的取り組みが,④の「階級」→「集団」を決定づけたということは一概には言えないが,多種多様な「人民の世界観」に対する批判的かつ理論的検討のプロセスが,グラムシがそれまで使用していた"集団概念"の分節化を促したことは確かだろう。

第3節　ヘゲモニー論の理論的意義・実践的意義
——有機的ヘゲモニーと自発的・能動的同意

(1) 国家＝強制の鎧を着けたヘゲモニー

以上の諸節では,ヘゲモニー概念の明確化に比重が置かれていた。そしてその概念の重点の移動の確認と,その移動の理由について考察してきた。そういった意味では,ヘゲモニー概念の理論的・実践的意義については触れられてはいなかった。そのため以下の2項では,2点にわたってヘゲモニー論の持つ理論的・実践的意義を明らかにしたい。1つはヘゲモニー論が国家論の領域において持つ意義である。そしてもう1つは,「経済主義」批判としてのヘゲモニー論の持つ理論的かつ実践的意義である。

まず何より,グラムシがヘゲモニー論に込めた理論的意図は,従来の国家観の拡張と刷新にある。彼は1931年9月7日の義姉タチアーナ宛の書簡(『獄中からの手紙』)のなかで,次のように述べている。

第 2 章　政治的ヘゲモニーから知的・道徳的ヘゲモニーへ

　この研究はまた，国家の概念の明確化を目指すものです。国家は通常は政治社会（すなわち，所与の時代の生産様式と経済に人民大衆を順応させるための独裁または強制装置）として理解されていて，政治社会と市民社会（すなわち，教会，組合，学校，等々の，いわゆる私的諸組織をつうじて国民社会全体にたいして行使されるある社会集団のヘゲモニー）との均衡としては理解されてはいません。しかも，まさにこの市民社会のなかでこそとくに知識人は活動しているのです（Gramsci, 2013, pp.456-457,『手紙 3』，pp.26-27）。

　グラムシの国家観がきわめてコンパクトに凝縮されている手紙の一節である。この一節からは，以下の諸点を読みとることができるだろう。既存のマルクス主義国家論は，国家とは「独裁」遂行の機関であり「強制装置」であって，「政治社会」のことを指すと考えていたということである。言いかえるならば，旧来の国家観は第 1 に「国家＝力の理論」に基づいていたということであり，第 2 に「市民社会と政治社会との区別」を知らなかったということである。

　グラムシはそれに対して，「国家の一般的概念のなかには，市民社会の概念に属する諸要素が含まれていることが見過ごされてはならない」と述べている（Q6§88B）。そして，ヘーゲル『法哲学』を理論的参照点にしながら，「市民社会と政治社会との区別」および「独裁とヘゲモニーとの区別」を要求している（Q10§7B）。彼は「政治社会」には「市民社会」を，「独裁」には「ヘゲモニー」を，「強制装置」には教会，組合，学校などの「ヘゲモニー装置」を対置している（①「ヘゲモニー対支配」）。グラムシはこれらの対置によって「市民社会と政治社会との区別」（「市民社会」の再発見!）を行うと同時に，「国家＝政治社会＋市民社会」と把握し直すことによって（Q6§88B），従来のマルクス主義国家観の根本的な刷新を図ったのである（②「指導＋支配」）。

　先の手紙に関してもう 1 点確認しておきたいことは，ヘゲモニー行使が政治社会と市民社会との「均衡（equilibrio）」をもたらすものだと考えられている点である。グラムシは『獄中ノート』のある箇所で，「古典的な議会制の基盤の上での『正常な』ヘゲモニー行使は，様々な均衡関係を持つ強力と同意との

組み合わせによって特徴づけられている」と述べている（Q13§37C）。

これまでヘゲモニーの機能と言えば，同意の獲得・組織化の面が強調されてきた。それは間違いではない。だが，ヘゲモニーの機能はそれだけではなくて，同意の組織化を通して「強力と同意」および「政治社会と市民社会」との間に「均衡」を生み出すことも内包しているのである。言いかえるならば，「支配的・指導的社会集団」はヘゲモニー行使を通じて，国家解体の危機に導きかねない「強制装置」の発動，つまり「強力」や「物質的な力」に対する過度の依存を抑止しているのだ（③「指導＋支配としてのヘゲモニー」）。

ジュゼッペ・コスピートは，グラムシが以上の①「ヘゲモニー対支配」，②「指導＋支配」，③「指導＋支配としてのヘゲモニー」の3つの解釈の間で「揺れている（oscillare）」かのように述べているが（Cospito, *DIZIONARIO*, 2011, p. 266），果たしてそうだろうか。彼もまた，ヘゲモニーの概念が文脈依存的かつ操作的なものであるということを忘れてはいないだろうか。

(2) 経済主義批判としてのヘゲモニー論

グラムシがヘゲモニー論に込めた理論的・実践的意図の2つ目は，「経済主義（l'economismo）」――より具体的に言えば，サンジカリズムや経済決定論と化した"史的唯物論"――に対する批判とその克服である。彼は経済主義の起源について，以下のように問うている。

　経済主義がそのもっとも完成された形態においては，自由主義の直系なのではないのか否か，そしてその起源においても，実践の哲学とはごくわずかな関係，つまり外面的で単なる言葉上の関係しか持っていなかったのではないかどうかを検討すべきなのである（Q15§18C）。

グラムシは慎重な言い回しをしているが，彼は以下のように言いたいのだと考えられる。「土台」――グラムシは主として「構造」という用語を使用している――が「上部構造」を決定するという，"史的唯物論"の学説的核心だと

されている命題の起源は、「マルクス主義」にではなくて、「自由主義」に帰せられるべきだということ。そして、もしもそれが「史的唯物論」と関係があるとしても、「外面的で単なる言葉上の関係」にすぎないということ。つまり彼は、「経済がすべてなのだ」という経済主義的理論と「史的唯物論」(「実践の哲学」) とは本質的には無縁だということを訴えているのである。[8]

換言するならばグラムシは、クローチェが批判するような"史的唯物論"、つまり「経済的な生こそが実質をなす (sostanziale)」のであって、であって、「道徳的な生は外観 (apparenza)」であり「幻想 (illusione)」にすぎないとする、経済決定論と化した"史的唯物論"(Croce, 1981, p.225, 訳 p.93) は、「自由主義」のヘゲモニーに従属させられているということを強調しているのである (「史的唯物論と闘っていると信じていて、〔実は〕歴史的経済主義と闘っているということがしばしば起こる」Q13§18C)。

では、グラムシはどのような実践的意図から「経済主義」を批判したのだろうか。そしてその批判は、ヘゲモニー論といかなる点でリンクするのだろうか。

それは何よりも、経済主義的理論が人民大衆や従属集団が「ヘゲモニー集団」となることを妨げるからにほかならない。そして、それが人民大衆をして半永久的に従属的地位に甘んじさせかねない理論であり、彼らの「独立と自律」(l'indipendenza e l'autonomia) を阻む理論だからである。この点に関してグラムシは、次のように言っている。

> 従属集団はサンジカリズムの理論に依拠する限り、決して支配的となることはない。この理論は、従属集団が発展し市民社会において経済的・同業組合的段階を超えて倫理的・政治的ヘゲモニーの段階へと高まり、国家において支配的集団となることを妨げるのだ (Q13§18C)。

グラムシによれば、「支配的集団」は高度な利害調整能力を発揮することができなくてはならない。より具体的に言えば、ヘゲモニーを行使しようとする集団は、何よりも近親的諸集団や同盟的諸集団の「利害関心 (interesse)」や

「傾向（tendenza）」を考慮に入れなくてはならず，その上で自らの利害関心を「犠牲」にしながら，それら諸集団との間に利害関心の「均衡（equilibrio）」を生み出すことができなくてはならない（Q13§18C）。つまり，諸集団間の利害関心の「均衡」は予定調和的にもたらされるのではなくて，ヘゲモニーを行使しようとする社会集団が主体的に諸集団間の利害関心を調整し，「均衡」を生み出さなくてはならないのである。ある社会集団がヘゲモニーを行使する際には，近親的諸集団・同盟的諸集団の「利害関心」や「傾向」を尊重し，それらに対して「妥協（compromesso）」すること——ただし，自集団の本質を毀損しない限りにおいて——が前提となるのである。

サンジカリズムにしろ"史的唯物論"にしろ，経済主義的理論はある社会集団が「ヘゲモニー集団」となるために要する自己の利害関心の犠牲と，諸利害関心間の均衡の主体的獲得の過程を欠落させてしまうのである。そして，従属集団を「狭量な経済的・同業組合的利害関心」（別言すれば「粗野な常識」の水準）に押し止めて，それがより普遍的な「倫理的・政治的ヘゲモニーの段階」（批判的自己意識を具えた「良識」の水準）へと高まっていくのを理論的に阻止するのである。グラムシはフランス・サンジカリズムの運動史に触れながら，「純粋な『経済』闘争は，支配階級を不快にするのに適っていたどころか，まったくその逆だったのだ」と述べている（Q3§48B）。

「経済主義」は機械論的・宿命論的傾向を帯びており，従属集団が自らを「倫理的・政治的ヘゲモニーの段階」へ高めていくという課題の対自化を阻む。"史的唯物論"であれサンジカリズムであれ，経済主義的理論は人民大衆の実践活動に致命的な誤りをもたらすという理由から，グラムシは厳しい批判を加えざるを得なかったのである。「権力に到達する以前においても，ヘゲモニーを目指す活動はあり得るし，またなくてはならない」（Q19§24C）という"警句"とも取れる一節は，"史的唯物論"批判としても読むことができる。

(3) 内的ヘゲモニーと外的ヘゲモニー

見てきたように，ボッビオの言葉を借りるならば，ヘゲモニーの概念のなか

第2章 政治的ヘゲモニーから知的・道徳的ヘゲモニーへ

には「政治指導の契機」と「文化指導の契機」——それから"経済指導の契機（「経済的［ヘゲモニー］」Q13§18C)"——が緊密な形で連関し合っている。そのため「文化指導の契機」を「政治指導の契機」と対立させたり，「文化指導の契機」を"経済指導の契機"から切り離したりすることは，最終的にはヘゲモニーの概念と本質を毀損してしまうことになる（したがって，3つの契機の間には"相互翻訳可能性"がなくてはならない）。

当然「知的・道徳的・政治的ヘゲモニー」の行使もまた，「文化指導の契機」と「政治指導の契機」だけでなく，"経済指導の契機"をも包摂していなくてはならないのである。有効なヘゲモニー行使はあくまでも，「総体的」なものでなくてはならない。それは「総体的」なものである限り，「有効」なものになるのである。

言いかえるならば，ヘゲモニー行使は社会諸領域と有機的に関連づけられる限りで，国民大衆の「能動的・直接的同意」（Q15§13B）を獲得することができる。政治的契機や経済的契機を欠落させた単なる「文化的ヘゲモニー」では，人民大衆の「『自発的・能動的同意』」（Q15§14B）を調達することはできない。それが「社会的現実」の総体的・有機的表現である限りで，人民大衆の能動的同意の獲得および同意の組織化が真の意味で可能になるのである。

グラムシは，ヘゲモニー行使は同意に「影響を与える（influenzare）」と述べているが（Q15§14B），逆に同意は「能動的・直接的同意」や「受動的・間接的同意」（Q15§13B），あるいは不同意などの形態を通じてヘゲモニー行使の様態に「影響を与える」。つまりヘゲモニーと同意，指導的集団と被指導集団とは相互に影響を与え合うのである（「『ヘゲモニー』のあらゆる関係は必然的に教育的である」Q10II§44C）。

一方で，ヘゲモニー行使には人民大衆に否定的な影響を与えようとするものもある。「外的ヘゲモニー（egemonia esteriore）」である。グラムシは，外的ヘゲモニーは人民大衆の「独創的な見解」を否定的な仕方で（negativamente）制限する機能を果たすと述べている（Q11§13C）。そして人民大衆を受動的にし，彼らの「独創的な見解」を抑制しようとすると批判している。もしその通りで

55

あれば，外的ヘゲモニーは国民大衆から「受動的・間接的同意」(Q15§13B) を獲得することしかできないと考えてよいだろう。そして，それとは逆に"内的ヘゲモニー"は，大衆の「独創的見解」を積極的な仕方で (positivamente) 鼓舞し，国民大衆から「能動的・直接的同意」を引き出すことができるものだと理解してよいだろう。

以上の点から理解できることは，ヘゲモニー行使には大きく分けて2つのタイプがあるということだ。「内的諸矛盾」によって分裂している社会のなかでは，①内的なもの：既存の「支配的集団」に取って代わろうとする「ある社会集団」は，近親的諸集団・同盟的諸集団に対して"内的ヘゲモニー"を行使し，人民大衆の思想の発酵を「内奥から (intimo)」促進し，諸集団のなかに「深部からの統一性」を構築しようとする。②外的なもの：既存の「支配的集団」は内的ヘゲモニーの不在・弱体を突いて「外的ヘゲモニー」を行使し，人民大衆独自の思想や行動を否定的な仕方で制限し，民衆諸階層を「支配諸集団の主導性」の下に置こうとする。内的ヘゲモニー・自発的同意によって「文化的・社会的ブロック」("人民的公共圏") は堅固なものとなり，外的ヘゲモニー・受動的同意によって，それは「欺瞞 (inganno)」に満ちたものとなるのである ("公共圏の再封建化")。

本章の締めくくりとして最後に，ヘゲモニー行使を有効かつ内的なものにする上で必要不可欠なものについて1つだけ述べておきたい。それは，第2節で一言だけ触れた「最下位」の知識人である。グラムシは有効・内的なヘゲモニー行使のためには，知識人集団内に「知的威信と知的能力からなる位階制」が形成されなくてはならないことを強調した (Q11§12C)。そして，知識人集団を大きく「最上位」の知識人と「最下位」の知識人とに分けた。

> 実際に知的活動は，その活動の本質的観点からも諸等級に区別されるべきである。この諸等級は，大きな対立を含む場合もあるが，正当で適切な質的差異によるものでなければならない。つまりこのような等級の最上位には，諸科学，哲学，芸術等の創造者が位置し，その最下位には下級の「管理者」

や現存する伝統的な蓄積された知的財産の普及者が位置することになるであろう（Q12§1C，松田，2013, p.21）。

従来，グラムシの知識人論というと「大知識人の機能」（「最上位」の知識人）ばかり取り上げられる傾向があったが，実はグラムシは，ヘゲモニー行使における「最下位」の知識人の役割を非常に重視していた。「最下位」の知識人とは言いかえるならば，ヘゲモニーの「下級の『管理者』」であり「普及者」である（松田，2013, pp.116-121）。

革新的なヘゲモニーを「常識」の根底にまで到達させ，人民大衆の「能動的・直接的同意」を獲得するためには，「諸科学，哲学，芸術等の創造者」だけではなくて，大衆との直接的な（direttamente）接触を通して「民衆感情」を深いところから理解することができ，彼らの「要求」を汲み上げることのできる「最下位」の知識人の存在が欠かせない。言いかえるならば，「ある社会集団」が国家のなかで「優位性」を獲得・維持するためには，「民衆心理」に即しながら「すでに発見された諸真理を『社会化すること（socializzare）』」（Q11§12C）のできる中間的知識人集団が形成されなくてはならないのである。

（4）問題提起——ヘゲモニー論のさらなる発展のために

以下では，今回，積み残さざるを得なかった重要な課題を提示しておきたい。それは2つある。

1点は，ヘゲモニー論における哲学的（filosofico）かつ認識論的（gnoseologico）側面の解明である。グラムシは「ヘゲモニーという理論的・実践的原理は，これもまた認識論的意義を持つ」と述べている（Q10II§12C）。ヘゲモニーの概念は文化的意義および政治的意義を持つだけではなく，「認識論的意義」をも持っているのである。そしてこの「認識論的意義」の解明と掘り下げこそが，ヘゲモニー論を真の意味でアクチュアルなものにするためには不可欠になってくると考えられる。今後は，ヘゲモニー論の持つ哲学的・認識論的意義の解明が『獄中ノート』全体の解読の鍵になってくるに違いない。

もう1点は，ヘゲモニー論とマルクスの「『経済学批判』序言」(1859年) との関係である。グラムシはヘゲモニー行使について論じた最も重要な§(Q13§17C) の冒頭で，マルクスの「『経済学批判』序言」に彼独自の解釈を加えて，その内容を敷衍している。そして同§の後半部で，ヘゲモニー行使の諸様態を詳細に展開している。このことから彼が，ヘゲモニー論を展開する際には「『経済学批判』序言」を参照点にし，「構造と上部構造との関係」を議論の基底に据えていたことがわかる。言いかえるならば，グラムシは「現存する物質的諸条件」を考慮に入れた上でヘゲモニー論を展開していたと考えることができる。実際のところ彼は，「社会的諸力の関係は，構造と密接に連関している」と述べている (Q13§17C)。グラムシがヘゲモニー論によって「構造」と「上部構造」の二元論をいかなる方向で止揚しようとしていたのか，そしてそれが「構造と上部構造との関係」の問題とどのように連関しているのか，根本的な議論が展開されなくてはならない。

〈注〉
（1） Gramsci, Antonio., *Quaderni del carcere*, a cura di Valentino Gerratana, Torino: Einaudi 1975. 以下，Qは「ノート (Quaderno)」を意味し，その後の数字はノート番号を示す。§は「セクション」を意味し，その後の数字はセクション番号を示す。セクション番号の後のA, B, Cの意味は，それぞれ以下の通りである。A草稿＝グラムシがいったん書き終わり，その後で抹消した「第一次執筆」(ジェルラターナ) を指す。C草稿＝「第一次執筆」に加筆し，再編した「第二次執筆」を指す。B草稿＝C稿と違い，加筆・再編されることのなかった「単次執筆」を指す。
（2）『グラムシ辞典』のなかの「階級，諸階級 (classe, classi)」や「社会集団 (gruppo sociale)」の項目の執筆者であるラウル・モルデンティも，「[グラムシは]『獄中ノート』のなかでその項目 [[階級，諸階級]] に再三立ち返っているにもかかわらず，マルクス主義の根本的な概念である階級に関する定義がない」としている。そして，「『階級』についての厳密で抽象的な理論的定義がなされていないということは，グラムシがそれを操作的なもの (operativamente) として用いていたという事実を説明しており，そのためそれが論じられている文脈 (contesto) に正確に即して言及されなくてはならない」と述べている (Mordenti, *DIZIONARIO*, 2011, p.132)。
（3） 松田 (2013, p.136) の訳文を参考にさせていただいた。
（4） Q1§44A から Q19§24C への加筆・修正の問題に関しては，松田 (2013, pp.135-138) とFrancioni (1984, pp.164-166) を見よ。
（5） グラムシが「人民の世界観」の多様性を痛感したものの1つは，「獄中生活の経験」だったのではないだろうか。彼は1927年4月11日の義姉タチアーナ宛の書簡 (『獄中からの手

第 2 章　政治的ヘゲモニーから知的・道徳的ヘゲモニーへ

紙』）のなかで，以下のように述べている。

　　マフィアであるために逮捕されたシチリア人なるものに初めて接触。私が観念の上での
　みで知っていた一つの新しい世界。この件についての自分の見解を吟味して，かなり正
　確なものにする。12 月 7 日，ウスティカ着。徒刑囚の世界を知る。奇妙な，信じがたい
　現実，政治流刑囚であるキレナイカのベドウィン人の集落を見る。きわめて興味ぶかい
　オリエント的情景。ウスティカでの生活。1 月 20 日，再び出発。パレルモに 4 日間。一
　般徒刑囚とともにナポリに渡る。ナポリ，南部については具体的にはサルデーニャしか
　知らなかった私にはこのうえなく興味ぶかい。ナポリではとくに，カモッラの入団式の
　場面をこの目で見る（Gramsci, 2013, p.68，『手紙 1』, pp.86-87）。

　この手紙からグラムシは――彼はそれ以前にも「南部問題」について論じていたが（「南
部問題についての覚え書」1926 年）――サルデーニャ以外の「南部 4 か国」（例えば「シ
チリア国，カラーブリア国，プーリア国，ナポリ国」）については「観念の上でのみ」理解
していたことがわかる。南部人・南部世界との現実的接触が，彼の「南部問題」理解にい
かなる影響を与えたのか，『獄中ノート』のなかに改めて探求されるべきだろう。また，上
の一節からは，「一般徒刑囚」，シチリアの「マフィア」やナポリの「カモッラ」との接触
が，「新しい世界」や「奇妙な，信じがたい現実」に対する彼の関心を掻きたてたことが見
てとれる。

　グラムシは獄中・流刑地への移送の過程・流刑地における，徒刑囚・マフィア・カモッ
ラ等との会話や接触から「感情，物の見方，名誉心の点で，固有の生活をし，鉄のような
不動の位階制をもった，きわめて複雑な 1 つの裏社会（mondo sotterraneo）」（Gramsci,
op.cit., p.69, 前掲書, p.87）と直接接触して衝撃を受けたのではないだろうか。そして，多種
多様な「世界観の断片」や「民間伝承」――彼はこれこそが「もっとも強力な」世界観だ
と述べている（Q27§1C）――研究の重要性を痛感したのではなかっただろうか。グラムシ
が「民間伝承」や「常識」研究に関心を持つようになった"原体験"の 1 つを垣間見るこ
とができるように思う。

（6）グラムシは「歴史において等質的な集団が練り上げられる際には，常識に抗して等質的
　な哲学，つまり首尾一貫し体系的な哲学もまた練り上げられる」と述べている（Q11§13C）。
　つまり，「等質的な集団」形成の問題――ボッビオの言う「（政治指導の主題である）『集団
　的意思』の形成に関する命題」――と「等質的な哲学」彫琢の問題――同じくボッビオの
　言う「（文化指導の主題である）『知的・道徳的改革』の命題」――とは通底し合っている
　のである。グラムシはほかのところでも「哲学を政治から切り離すことはできない」と述
　べ，「世界観の選択と批判は政治的出来事（fatto politico）でもある」と主張している
　（Q11§12C）。グラムシの思想においては，「哲学」と「政治」，「文化指導の主題」と「政治
　指導の主題」とは不可分の関係にあるのだ。

（7）ラウル・モルデンティは『グラムシ辞典』の「社会集団」の項目のなかで，「社会諸集団
　（＝諸階級）」と記し（Mordenti, DIZIONARIO, 2011, p.376），「社会集団」は「実質的に
　は階級または諸階級の同義語（sinonimo）」だと説明している。そして，グラムシが『獄中
　ノート』のなかではじめて「社会集団」という語を使用するのが「ノート 3」（1930 年）
　であるとし，その理由を「監獄の検閲（censura carceraria）」の目から逃れるためだとし
　ている（Mordenti, op.cit., p.375）。

　　筆者は，モルデンティの見解に反対である。なぜなら，彼も認めているように，『獄中

59

ノート』のなかで「社会集団」が最初に用いられている Q3§133B のあとでも，グラムシは「社会集団」と「階級」を併用しているからである（Q11§16C や Q19§24C など）。そして，Q4 で彼は「マルクス主義」や「マルクス主義哲学」という言葉を使用しているだけでなく，「イリッチ［レーニン］はマルクス主義を発展させた」などと書いているからである（Q4§38A）。「検閲」の目から逃れるためになぜ Q3 だけで「社会集団」を使い，そのあとのノートでは「階級」を「社会集団」と併用するようになったのか，そしてなぜ「階級」という言葉は検閲の対象になり，「マルクス主義」という言葉はその対象にならないのだろうか。まったく説明がつかない。

　それから，Q19§24C（p.67）執筆時における Q1§44A（pp.30-30bis）への加筆修正の際，「階級」が「集団」に置き換えられていることはすでに見たとおりであるが，Q1§44A（pp.30bis-31）の「上流諸階級」は Q19§24C（pp.68-69）のなかでも「上流諸階級」（classi alte）のままであり，「諸階級」が「諸社会集団」に置きかえられているわけではない。Q19§24C を執筆する際，グラムシは，なぜ Q1§44A（pp.30-30bis）の当該箇所では「階級」を「集団」に置きかえ，Q1§44A（pp.30bis-31）の箇所はそのまま「上流諸階級」と記したのだろうか。グラムシの"気まぐれ"とでもいうのだろうか。

　筆者はやはり，グラムシは「社会集団」と「階級」とを異なった意味で──当然，両概念は重複してもいるだろう──用いていると考える。そして，モルデンティは何の論証もなしに「社会集団」は「実質的には階級または諸階級の同義語」だということを前提にしているように思われる。

　モルデンティによると，「社会集団」は『獄中ノート』のなかで「単数形では実に136回，複数形では69回」使用されているが（Mordenti, *op.cit.*, p. 375），『獄中ノート』（"校訂版"）の「事項索引」（INDICE PER ARGOMENTI）には「階級」の項目はあっても，「社会集団」あるいは「集団」の項目は見あたらない。このこともまた，『獄中ノート』解読の際の「社会集団」・「集団」概念の軽視につながっていると考えられる。本問題はグラムシの概念装置理解の本質に関わるので，今後も引きつづきより詳細な検討が必要であろう。

（8）グラムシは「『経済主義』は多様な形態を帯び，多様な具体的表現をとる」と述べている。そして，「理論的サンジカリズムは，史的唯物論のいくつかの主張によって正当化された経済的自由主義の一局面である」と説明している（Q4§38A）。彼はサンジカリズムを「経済主義」の一形態であり，「経済的自由主義」の嫡子だと考えていたのである。

〈引用・参考文献〉
尾場瀬一郎「グラムシ『獄中ノート』における常識論の位相」『社会思想史研究』39号，藤原書房，2015年。
グラムシ，A．／獄中ノート翻訳委員会訳『グラムシ獄中ノート 1』大月書店，1981年。
グラムシ，A．／大久保昭男・坂井信義訳『グラムシ獄中からの手紙　愛よ知よ永遠なれ1～4』大月書店，1982年。
平田清明『市民社会と社会主義』岩波書店，1973年。
松田博「［補論］ヘゲモニー・『知的モラル的改革』・知識人」『グラムシ『獄中ノート』著作集Ⅲ　知識人とヘゲモニー「知識人論ノート」注解　イタリア知識人史・文化史についての覚書』明石書店，2013年。
松田博「グラムシ」村上義和編著『イタリアを知るための62章』明石書店，2015年。

Bobbio, Norberto, *Saggi su Gramsci*, Milano: Feltrinelli Editore, 1990.（小原耕一・黒沢惟昭・松田博訳『グラムシ思想の再検討』御茶の水書房，2000 年）。

Cospito, Giuseppe, "Egemonia", *Le parole di Gramsci*, a cura di Fabio Frosini e Guido Liguori, Roma: Carocci, 2007.

Croce, Benedetto, "Storia economico-politica e storia etico-politica" *ETICA E POLITICA*, Roma-Bari: Editori Laterza, 1981.（上村忠男訳「経済―政治史と倫理―政治史」上村忠男編訳・解説『クローチェ政治哲学論集』法政大学出版局，1986 年，所収）。

Francioni, Gianni, *L'officina gramsciana. Ipotesi sulla struttura dei 《Quaderni del carcere》*, Napoli: BIBLIOPOLIS, 1984.

Gerratana, Valentino, *Gramsci. Problemi di metodo*, Roma: Editori Riuniti, 1997.

Gramsci, Antonio, *Quaderni del carcere*, a cura di Valentino Gerratana, Torino: Einaudi, 1975.

Gramsci, Antonio, *Lettere dal carcere 1926-1937*, a cura di Antonio A. Santucci, Palermo: Sellerio, 2013.

DIZIONARIO GRAMSCIANO 1926-1937, a cura di Guido Liguori e Pasquale Voza, Roma: Carocci, 2011.

（尾場瀬一郎）

第3章
「労働すること」と「仕事すること」
―― 「世界疎外」の時代に抗して ――

　「労働すること」と「仕事すること」は，共に「働く」行為を示す言葉でありながら，どこか異なったニュアンスを持っている。しかしその違いを明確に説明することは難しい。実際，日常的にはこの2つの言葉は区別されずに用いられることも多い。

　この2つの行為を概念的に区別し，それに独自の立場から思想的位置づけを与えたのがハンナ・アーレントの『人間の条件』である。「労働 labor」「仕事 work」「活動 action」の3つに人間の営み（activity）を分類したこの書は，「活動」の側面にばかり光が当てられがちだが，残りの「労働」と「仕事」をめぐる考察もきわめて重要である。この3分類がもともとアリストテレスの「プラクシス（実践）praxis」と「ポイエーシス（製作）poiēsis」の区分に影響を受けたものであることは有名だが，アーレントはこの2つの区分に加えて「労働」をも分析対象に据えたのである。

　なぜアーレントは「働く」行為，あるいは「生産する」行為を，「労働」と「仕事」に区別して考察しようとしたのだろうか。その背景にあるのは，アーレント思想における「自然」と「世界」の対比，あるいは「世界」と「社会」の対比という図式である。とりわけ近代における「世界」と「社会」のせめぎ合いは，『人間の条件』の底流をなす重要テーマの1つであり，また彼女の2つの主著『全体主義の起源』と『人間の条件』を繋ぐ問題系の1つでもある。本章で詳しく述べるように，近代における「世界疎外」の進行と「社会的なもの」の増殖こそが全体主義運動を準備したのであり，その背景には近代における「労働」の肥大化と「仕事」の衰退化があったとアーレントは考えていた。

アーレントの公共性論は，これまで「活動」の側面から論じられることがもっぱらであった。それは，彼女が「活動」を公的領域でなされるべき唯一の営みとして規定していたことからも，ごく自然な流れであったと言える。しかし本章では，あえてアーレントが「活動」よりも低い位置づけを与えた「労働」と「仕事」の側面に着目することによって，彼女の思想に新たな光を当てるとともに，現代の「公共性」論を再考するためのヒントを取り出すことを目指したい。またこの考察は，われわれにとって「働く」ことがどのような意義を持つのか，「労働」と「仕事」がどのように異なるのかという冒頭の問いにも重要な視座を与えてくれるはずである。

第1節　「労働」と「仕事」の定義

　まず，アーレント思想における「労働」と「仕事」の定義を確認するところから始めよう。

　アーレントにとって「労働 labor」とは「人間の肉体の生物学的過程に対応する営み」であり，その人間的条件は「生命それ自体 life itself」である（HC, p.7, 訳 p.19）。すなわち，「労働」は生命維持のために行われる必然的な営みであり，苦痛と骨折りを伴う私的な営みである。「労働」は生命過程の「必然性 necessity」に対応し，「動物的生」を維持するための生物学的な営みとして，人間が動物と共有するところのものである。それ故「労働」は伝統的に〈活動的生活〉のヒエラルキーの最下部に位置づけられてきた。

　また，「労働」は「自然過程」（自然の循環運動）に拘束されているが故に，そこには明確な「始まり」も「終わり」もなく，その「労苦と困難」は死が訪れるときまで続くことになる。アーレントは，マルクスによる「人間と自然の物質代謝 metabolism」という「労働」の定義を引用しながら，「労働は，自然が提供する物と合体し，それを『集め』，それと肉体的に『混じりあう』」過程であり，「労働と消費は，物質をとらえ，解体し，貪り食う過程である」（HC, p.100, 訳 p.155）と論じる。それ故，人間が「労働」に没入していくことは「自

然」のリズムと同一化し、「自然」の内へと溶け込んでいくこと（動物化）を意味している。

他方で「仕事 work」とは「人間存在の非自然性に対応する営み」であり、その人間的条件は「世界性 worldliness」である（HC, p.7, 訳 pp.19-20）。「仕事」は耐久的な「工作物」を製作し、またその耐久的な工作物によって構成される「世界」を作り出すことによって、「死すべき生命の空しさと人間的時間のはかない性格に一定の永続性と耐久性を与える」役割を持つ（HC, p.8, 訳 p.21）。建造物やテーブルなどの耐久性を持った「世界の物」は、はかなく不安定な人間の生を安定化させ、そこに一定の客観的な秩序を与え、人間が安定したアイデンティティを獲得するのを手助けする。「人間はつねに変転する性質をもつにもかかわらず、同じ椅子、同じテーブルに関連づけられることによって、自らの同一性、すなわちそのアイデンティティを取り戻すことができるのである」（HC, p.137, 訳 p.225）。

アーレントにとって、「世界」とは「そこに個人が現われる以前に存在し、彼がそこを去ったのちにも生き残る」ような安定性と永続性を持った場であり、人間はこの「世界」のうちに住まい、またこの「世界」の上で「活動」することによって、自らが生きた痕跡をそこに残すことができる。言いかえれば、「仕事」とそれが生み出す工作物は、安定性と永続性を備えた「世界」を製作することによって、人間の「可死的 mortal」な生を「不死的 immortal」な次元へと高める意義を持っている。それ故「仕事」は、公的な舞台（公共圏）としての「世界」を製作する意味において、間接的にではあれ、公共性を創出する役割を担っている。

　　それゆえ共通世界は、私たちがやってくる前からすでに存在し、私たちの短い一生の後にも存続するものである。それは、私たちが、現に一緒に住んでいる人々と共有しているだけでなく、以前にそこにいた人々や私たちの後にやってくる人々とも共有しているものである（HC, p.55, 訳 p.82）。

こうした「労働」と「仕事」を区別する最もわかりやすい基準は，それぞれの生産物の耐久性の差異である。「労働」が生み出すのは耐久性の低い「消費財 consumer goods」であり，生産されるや否やすぐに消費（消耗）されてしまうような類の物であるのに対して，「仕事」が生み出すのは耐久性の高い「使用対象物 use objects」であり，長期的に「使用」されることによって安定的な「世界」を構成する役割を果たすような工作物である。このようにそれぞれの生産物が持つ耐久性とその役割によって，「労働」と「仕事」の営みを理念的に区別することがひとまず可能になるとともに，アーレントが「消費 consumption」と「使用 use」を概念的に区別していたことも明らかになる。すなわち，「労働」と「消費」が人間の「生命［生活］life」の維持に必要な営みの対であるのに対して，「仕事」と「使用」は「世界」の安定性と永続性に関わる営みの対である。

　これに加えて，「労働」と「仕事」を分かつのは，その行為のなされ方の違いである。先にも述べたように，「労働」は生命過程（自然過程）の必然性にしたがってなされる営みであるが故に，その営みは個人が死ぬまで一生続くものであり，明確な「始まり」や「終わり＝目的 end」を持っていない。「労働」において人間は生命・自然の必然性に支配されており，そこに人間の主体性が発揮される余地はほとんどない。一度生産された「消費財」は短期間のうちに消費（消耗）され流れ去っていくために，すぐに次の「消費財」を生産する必要が生じる。こうして「労働」は無目的であるとともに，終着点を持たず，生命・自然の必然性に従属している。

　他方で，「仕事」は目的－手段図式に沿って，人間が意識的に頭脳・肉体を用いて自然を加工し，工作物を製作する営みである。「仕事」では，あらかじめ作り上げられるべき対象のイメージが製作者の頭のなかに存在しており，その目標に向かって意識統制的な製作がなされる。それ故「仕事」は「労働」とは違って，明確な「始まり」と「終わり＝目的 end」を持つことを特徴としており，その過程が無限に繰り返される必要を持たない。また「仕事」が生み出す「使用対象物」は，自然の循環運動に抗して耐久的に存続し，「世界」の構

第3章 「労働すること」と「仕事すること」

成要素となる。こうして「仕事」においては，人間は生命・自然の必然性を超え出て，自然を主体的に制御している。

このようにアーレントは，生命・自然の必然性に従属して生命維持のための営みを行う「労働」と，生命・自然の必然性から超出して人工的な「世界」を製作する営みを行う「仕事」を概念的に区別して論じたのであった。その背景にあるのは，アーレント思想における「自然」と「世界」の対比であり，「ピュシス」と「ノモス」の対比である。同時にその背景には「人間」と「動物」の差異を通じて，「人間の条件」を明らかにしようとするアーレントの意図を見てとることができよう(1)。

第2節 「労働」と「仕事」の曖昧化

しかし，以上のようなアーレントの「労働」と「仕事」の区分に対しては，これまでに多くの疑問や批判も投げかけられてきた。

例えばショーン・セイヤーズは，現実の行為においては「労働」と「仕事」を明確に区別することがほとんど不可能であると述べ，アーレントを批判している（Sayers 2003, pp.116-117）。実際には，生命維持のための「労働」の行為において耐久性の高い生産物が作り出されることもあるだろうし，その反対に耐久性の高い生産物を作り出す「仕事」の行為が生命維持のために繋がることもあるだろう。現実にはこの2つの行為は分かちがたく結びついており，ほとんど一体のものとして存在している。アーレントの労働／仕事の区分はこのような現実をまったく無視しているとセイヤーズは主張する。

また石井伸男は「労働」と「仕事」の生産物をその耐久性によって区別するというアーレントの議論を批判している。アーレントは「労働」が生み出す「消費財」の典型例として食べ物や日常の消耗品などを挙げ，「仕事」が生み出す「使用対象物」の典型例として建物，テーブル，椅子など挙げているが，この2つの境界線はきわめて曖昧である（石井，1997, pp.122-123）。現実には日常品のなかにも長期的に「使用」されるものもあれば，テーブルや椅子などの工

67

作物のなかにも短期的に「消費」されてしまうものもあるだろう。個別の物の耐久性はそれぞれの状況に応じて異なるのであって，一義的にどの物が「消費財」でどの物が「使用対象物」であるかを決めておくことなど不可能である。そのような基準において「労働」と「仕事」を恣意的に区別することは不当である，というのが石井の批判であった。

たしかにセイヤーズや石井の述べる通り，アーレントの言う「労働」と「仕事」の概念を現実の行為に当てはめようとした際に，両者の区別に一定の曖昧さがつきまとうことは事実であろう。例えば，職人的な「仕事」のうちにもその一部には生活費を稼ぐという要素が含まれているであろうし，日雇いの「労働」のうちにもその一部には「世界」の構築に寄与するという要素が含まれているであろう。そうであるとすればセイラ・ベンハビブが指摘するように，アーレントの言う「労働」や「仕事」はウェーバーが提唱するところの「理念型」に相当するものであって，それはあくまで現実的行為を概念的に抽象したものと捉えられるべきであり，その概念をそのまま現実に適用する際には常に一定の限界がつきまとうことを，われわれはひとまずは理解しておかねばならない (Benhabib, 1996, p.131)。

森川輝一がわかりやすい例を挙げながら説明しているように，『人間の条件』のなかでは，あらかじめこれが「労働」，これが「仕事」，これが「活動」，といった明確な区分がなされているわけではない (森川, 2011, pp.21-22)。例えば，同じ「机を作る」という行為においても，それが耐久的に長く使われる机を製作するのであれば「仕事」になるだろうし，他方でそれが短期間のうちに消耗される商品としての机を生産するのであれば「労働」になるかもしれない。あるいは，同じ机を作っていても，それが生命維持のために他者からの強制のもとでなされるのならば，その行為は「労働」であるということになるだろうし，もしそれが長年磨かれた職人の技によって作られるのであれば，その行為は「仕事」であるということになるだろう。あるいは「机を作る」という行為を通して，他者との積極的な会話や議論がなされるのであれば，そこには「労働」または「仕事」に加えて，「活動」の要素も介在しているということにな

第3章 「労働すること」と「仕事すること」

るはずだ。

　実際に誰よりもアーレント自身が，現実的な場面において「労働」と「仕事」の区別が不明確（不可能）であること，とりわけ近代においてその傾向が強まっていることに対して最も意識的であった。すでに西欧政治思想の伝統において「労働」と「仕事」の区別は軽視され，その意義は長らく明らかにされないままであった（HC, p.81, 訳 p.135）が，さらに近代社会においては「労働」と「仕事」の区別がより曖昧化し，「仕事」が「労働」のうちに飲み込まれていく現象が生じたとして，アーレントは次のように述べている。

　　実際，近代世界の仕事はほとんど労働の様式にしたがって行われており，したがって仕事人（worker）は，たとえ望んでも「自分自身のためではなく，その仕事のために労働する」ことができず，しばしば，最終的な形がどうなるのか少しも分からないような対象を生産するための道具となっている（HC, p.141, 訳 p.230）。

　資本主義経済の展開のもとで分業化と機械化が導入されるとともに，「仕事の本性そのものが変化」し，次第に「労働の性格を帯びる」ようになっていく（HC, p.125, 訳 pp.186-187）。その結果として，「機械のおかげでわれわれは，自然過程のサイクルが描くよりもずっと早い反復のリズムのなかに追い込まれる」（HC, p.125, 訳 p.187）。マルクスが『資本論』のなかで協業→マニュファクチュア→機械制大工業という段階をもって描き出したように（第1巻第11〜13章），生産の効率化と利潤の最大化が追求される資本主義経済のもとでは，職人的な「仕事」は次々に単純化された「労働」へと解体されていくことになる。
　これに応じて，「仕事」が生み出す「使用対象物」もまた「労働」が生み出す「消費財」のうちに飲み込まれていくという事態が生じる。「私たちは，自分の周りにある世界的な物をますます早く置き換える欲求に駆られており，もはやそれを使用し，それに固有の耐久性に敬意を払い，それを保持しようとする余裕をもっていない。私たちは，自分たちの家や道具や自動車を消費し，い

わば貪り食ってしまわなければならないのである」(HC, p.125, 訳 p.187)。マルクスが G－W－G′ と定式化した「資本の自己増殖運動」のもとでは，耐久的な「使用対象物」を製作することや安定的な「世界」を保持することにはもはや関心が持たれない。絶えまなく消費される商品やサービスを次々と生み出していく「労働」にのみ関心が注がれ，労働－消費－労働－消費－……という無限サイクルを回転させ続けることが至上命題となるのである。

　こうして近代資本主義の展開のもとで「労働」と「仕事」の境界が曖昧化していく状況——より正確には「仕事」が「労働」のうちに飲み込まれていく状況——に対してアーレントは強い危惧を抱いていた。そして逆説的にも，近代社会における「労働」と「仕事」の曖昧化という事態に異議を唱えるためにこそ，彼女はあえてこの2つの営みを概念的に区別しようとしていたのであった（百木 2014）。別言すれば，「労働」が肥大化する近代社会において，後景化する「仕事」の意義を再評価するためにこそ，彼女はあえて現実的には分離困難な「労働」と「仕事」を概念的に区別して論じようとしていたのである。実際にアーレントは，スミスやマルクスなどの経済学者たちが「労働」と「仕事」を区別せずに，ひとまとめに「労働」の名で議論を進めようとすることに繰り返し異議を表明している。

　加えてここでもう1つ重要な示唆を与えてくれるのが，マーガレット・カノヴァンによる，アーレントの「労働」と「仕事」というカテゴリーは「世界」への指向性の相違に基づいて理解されるべきだという指摘である（Canovan, 1992, p.125, 訳 p.163）。先にも述べたように，「労働」が生命・自然の必然性を充足する営みであるのに対して，「仕事」は「世界」の構築に関わる営みである。そして，アーレントは「自然」の循環運動から抜けだして人工的な「世界」を構築する点に「人間」と「動物」の相違の第一歩を見出していたからこそ，「自然」の必然性に関わる「労働」の営みと「世界」の安定性を製作する「仕事」の営みを区別しようとしていたのであった。そうであるとすれば，「労働」と「仕事」を理念的に区別して論じようとするアーレントの主眼は，両者の現実的な境界線をどこに引くかという問題よりも，「世界」の重要性を強調する

・・
ことのほうにあったのだと理解されるべきではないだろうか。そして同時にこのようなアーレントの強調は，近代社会における「世界」の弱体化という現象を背景としてなされたものであったことが理解されるべきなのである。この点について，次節でさらに詳しく見ていくことにしよう。

第3節　近代における「労働」観の反転と「世界疎外」の進行

　アーレントによれば，近代社会とは本質的に「労働中心社会」である。西欧政治思想の伝統において，「労働」は長らく軽蔑と忌避の対象とされ，奴隷や女性が担うべきものであるとされてきた。しかし，近代に入るとそのような伝統的労働観は反転し，むしろ「労働」こそが人間にとって本質的な営みと見なされるようになった。「古代の理論では労働が軽蔑され，近代の理論では労働が賛美された」（HC, p.93, 訳 p.147）。西欧政治思想の伝統において〈活動的生活〉の最下位に置かれていた「労働」が，近代社会においては最上位にまで昇り詰めたことが，近代社会の性格を決定的に特徴づけている。かつてアリストテレスが〈政治的動物（ポリス）〉と定義づけた人間は，今やマルクスが規定するように〈労働する動物〉となっているのであり，このことは西欧政治思想の伝統が完全に終焉し，〈活動的生活〉のヒエラルキーが転倒させられたことを意味しているのである。

　　近代は伝統をすっかり転倒させた。すなわち，近代は，活動と観照の伝統的順位ばかりか，〈活動的生活〉の伝統的ヒエラルキーさえ転倒させ，あらゆる価値の源泉として労働を賛美し，かつては〈理性的動物〉が占めていた地位に〈労働する動物〉を引き上げたのである（HC, p.85, 訳 p.139）。

　アーレントにとって，「労働」とは生命維持のために行われる必然的な営みであったから，近代社会で「労働」が中心的な営みになることは，私的な「生命」〔生活〕の維持が近代人の最大の関心事になることを意味している。言い

かえれば，それは近代人が「仕事」（世界性）や「活動」（複数性）などの「人間の条件」を喪失して，「労働」と「消費」のみに生きる存在＝〈労働する動物〉になったこと（動物化）を意味している。そこでは公共的なものへの関心は失われ，人々は各々の私的生活を充実させることのみに気を配るようになる。こうした〈労働する動物〉としての近代人＝「大衆」を支持者／担い手とすることによって，「まったく新しい支配形態」である全体主義運動が出現してきたというのが，『全体主義の起源』から『人間の条件』へと至るアーレントの考えであった。

『全体主義の起源』第二版のエピローグとして組み入れられた「イデオロギーとテロル」論文のなかで記されているように，「その主要な価値が労働によって決定される，言いかえればすべての人間的営みが労働に転化されてしまっている世界」において，〈労働する動物〉としての近代人は，「物の世界からも見捨てられ」，「根を絶たれた余計者」としての存在となる（IT, pp.322-323 = OT, p.475, 訳 pp.319-320）。「根を絶たれたということは，他の人々によって認められ保証された席をこの世界に持っていないという意味であり，余計者ということは，まったくこの世界に属していないという意味である」（IT, p.323 = OT, p.475, 訳 p.320）。アーレントは「仕事」時における「孤独 isolation」と「労働」時における「孤立 loneliness」を区別しながら，後者を「この世界に属していないこと」，「他者との関わりを喪失していること」と定義し，この状態に置かれた人々を支配対象として全体主義運動が現れてくるのだと論じている。

ここで注目すべきは，アーレントが近代人の置かれた状況を「物の世界から見捨てられ」，「この世界に属していない」状況として表現していることである。前節でも述べたように，「労働」が中心的な営みとなる近代社会では，人々は終わり＝目的（end）なき生産過程，すなわち資本の自己増殖運動のうちへと取り込まれていき，「仕事」は「労働」のうちへ，「使用対象物」は「消費財」のうちへと溶解していく。この過程のなかで失われるのは，何よりも「世界」の安定性と永続性にほかならない。近代化とともに進行するこうした「世界性」の衰退を，アーレントは「世界疎外 world alienation」と呼んだ。「世界

第3章 「労働すること」と「仕事すること」

の安定性が掘り崩されるなかでは、人々は自分たちが生きるための足場を失い、安定した生活やアイデンティティを揺るがせられることになるだろう。近代人の〈労働する動物〉化＝「大衆」化と相並んで、このような「世界疎外」の進行こそが、全体主義運動が出現する土壌を育てることになるとアーレントは考えていた。「公的な共通世界が消滅したことは、孤立した大衆人を形成するうえで決定的な要素となり、近代のイデオロギー的大衆運動の無世界的メンタリティを形成するという危険な役割を果たしたのである」(HC, p.257, 訳 p.415)。

言うまでもなく、こうした「世界疎外」の進行は、近代社会における「労働」の肥大化と「仕事」の衰退化という事象がもたらす帰結である。「出現の空間が衰退し、共通感覚が死滅するこの世界からの疎外は、もちろん、生産者の社会の場合よりも労働社会の場合の方がいっそう極端に進む」(HC, p.209, 訳 p.334)。そしてアーレントによれば、「マルクスの考えたような自己疎外ではなく、世界疎外こそ、近代の品質証明」なのである (HC, p.254, 訳 p.411)。こうした「世界疎外」の進行によって、われわれは安定した生活の基盤を失うだけでなく、公的な「活動」のための舞台をも喪失することになる。アーレントによれば、「世界は万人に共通 common なもの」であり、「『公的 public』という用語は、世界そのものを意味してい」た (HC, p.52, 訳 p.78)。安定的で永続的な「世界」という舞台なしでは、「活動」もまた持続的に営まれることができず、その役割を十全に果たすこともできない。それ故に、近代における「世界疎外」の進行は公共圏を掘り崩すものでもあり、「世界性」のみならず人々の「複数性」をも危機に陥れる結果をもたらす。

こうして、近代における公共性（「複数性」と「世界性」）の衰退を、「労働」の肥大化と「仕事」の衰退化と結びつけて論じ、その先に全体主義の出現を見通した点に、『全体主義の起源』から『人間の条件』へと至るアーレントの思想的一貫性を見出すことができる。しばしば、公的な「活動」の衰退化という一点のみから語られがちなアーレントの近代批判を、「労働」の肥大化と「仕事」の衰退化という別の側面からも捉え直すことによって、彼女が近代社会に対して抱いていた危惧をより多角的に理解することができるだろう。繰り返せ

73

ば，「複数性」（活動）の衰退のみならず「世界性」（仕事）の衰退＝「世界疎外」こそが，近代化の果てに全体主義の出現を招いた根本要因であるとアーレントは考えていたのであった．

第4節 「社会的なもの」の膨張と「増殖的な労働」

前節に述べた「世界疎外」の裏面として，近代において急激な成長を遂げたのが「社会」の領域である．アーレントの定義によれば，「社会」とは近代において初めて出現してきた流動的な領域であり，それは「家族の集団が経済的に組織されて，ひとつの超人間的家族へと複写されたもの」(HC, p.29, 訳p.50)，いわば「国家大に拡大された家（家政）」である．これに対応する政治形態が「国民国家」であり，この「社会的領域」の勃興によってかつては私的領域のなかに限定されていた経済的な諸問題が国家全体の関心事となり，私的な「家政」（オイコノミア）から社会的な「市場経済」（エコノミー）への移行が生じる（川崎，2010, p.125）．

この「社会的なもの」の出現によって，「公的なもの」と「私的なもの」の境界が曖昧なものになっていったとアーレントは言う．すなわち，「この社会という新しい領域」は「政治的なものと私的なものという古い領域はもとより，それ以後に樹立された親密さの領域をも貪り食う傾向」を持っており，最終的には人間世界のすべてを「社会的なもの」によって覆い尽くしてしまおうとする．そして「この傾向は絶えず成長し，この成長自体，同じように絶えず加速されている」(HC, p.45, 訳p.70)．こうしてアーレントにとって「社会」とは，単に流動的であるのみならず，「絶えず成長」する運動体として捉えられ，安定的かつ永続的な性格を持つ「世界」と対比的に記述されることになる．

さらにアーレントはここで興味深い表現を用いる．すなわち，「生命過程の公的な分野である社会的領域は，いわば，自然なものの不自然な成長を解き放した」(HC, p.47, 訳p.72, 強調引用者)というのである．「自然なものの不自然な成長 (unnatural growth of the natural)」，この奇妙な表現が意味しているのはど

第3章 「労働すること」と「仕事すること」

ういう事態であろうか。すぐ後でアーレントは次のように書く。「いま，私たちが自然なものの不自然な成長といったものは，一般的な言葉でいえば，絶えまなく加速される労働生産性の増大のことである」(HC, p.47, 訳 p.72) と。この「絶えまなく加速される労働生産性の増大」という語によって示されるのは，資本主義経済のもとで加速される「労働」——すなわち，「仕事」を飲み込みつつ肥大化していく「労働」——のことであろう。こうした「労働」の肥大化によって象徴される，近代社会の絶えまなき成長，すなわち資本の自己増殖運動（マルクスの言う G－W－G′）を，アーレントは「社会的なもの」の根幹として捉えていたのであった。

重要なのは，ここで「資本の自己増殖運動」と重ね合わされる「社会的なもの」の拡張運動が「自然なものの不自然な成長」と呼び表されていることである。つまりこの表現は，「自然なもの」が「不自然な成長」を遂げたところに「社会的なもの」の拡張運動が現れたことを示しており，「社会的なもの」の根源に「自然なもの」が存していること，あるいは「社会的なもの」が「自然なもの」の変異形態として捉えられていることを意味している。

「自然の循環運動が，成長や衰退としてはっきり現れるのは，ただ人間の世界の内部においてだけである」(HC, p.97, 訳 p.153) と述べられているように，自然の循環運動が「自然」のままである限りそれは定常状態を保って永遠に循環し続けるのだが，そこに何らかの「人為」が加わることによってその運動が「不自然に」成長したり衰退したりするものとなるとアーレントは考えていた。つまり，「自然」（ピュシス）と「人為」（ノモス）を分かつ伝統的な境界線が破られて，「世界」のうちに「人為」が侵入してきた際に，「自然」の運動はある種の変異を起こして，「不自然な成長」を遂げる「社会的なもの」へと変貌するのである。

このことは，近代資本主義経済の展開のもとで「労働」と「仕事」を分かつ境界線が曖昧化し，「仕事」の領域にまで「労働」が進出し，「仕事」が「労働」のうちに飲み込まれる状況が生じたという前節までに述べた事態と並行的な関係にある。「自然」の必然性に従属する「労働」と，「人為」的な工作物を

構築する「仕事」との融合が起こった結果として,「仕事」を飲み込んだ「労働」は,「自然過程のサイクルが描くよりもずっと早い反復のリズム」を帯びるようになり,「自然なものの不自然な成長」≒「資本の自己増殖運動」を駆動する営みへと変異していったのであった。

つまり「労働」と「仕事」,「自然」と「世界」を分かつ境界線が崩れ,元来異質な領域に属する要素が混ざり合ったときに,「自然なものの不自然な成長」としての無限増殖運動が生じてくるのである。こうした「境界線の消失」が生じた際に,伝統における循環的な「労働」は,近代における増殖的な「労働」へと変転する。伝統的な「労働」が自然の循環運動に対応するものであったのに対して,近代的な「労働」は「社会」(≒資本)の増殖運動に対応するものとなっており,そこに増殖(余剰)を生む性質を獲得している(マルクスが資本の一般定式 G – W – G′ に「労働力」という剰余価値を産む特別な商品 W を代入することによって「資本の自己増殖運動」が成立すると考えたことを想起されたい)。

ここで注意しておかねばならないのは,アーレントが批判しようとしていたのは,あくまで近代における増殖的な「労働」のほうであって,伝統における循環的な「労働」ではない,ということである。しばしば誤解されがちなことであるが,アーレントは「労働」の営みやそれに対応する「生命の必然性」それ自体を批判しようとしていたわけではない。むしろアーレントは,「自由」であるためには一定の「必然性」が必要であることを強調している。「人間は,自分が必要〔必然〕に従属しているということを知らないとき,自由ではありえないからである。というのは,人間の自由とは,つねに自分を必要から解放しようという,決して成功することのない企てのなかで獲得されるものだからである」(HC, p.121, 訳 p.181)。人間の生から生物学的な「必然性」の領域(ゾーエー)を消し去ることができないこと,その領域に対応する「労働」の営みが不可欠であること,好むと好まざるとにかかわらず,それが「人間の条件」の不可欠な一部であり,われわれ一人ひとりがそれを引き受けざるを得ないことに対して,アーレントはきわめて意識的であった。[3]

そうではなく,アーレントが問題としていたのは,近代的な「労働」が生命

第3章 「労働すること」と「仕事すること」

維持の必然性という本来的な「労働」の枠組みを超えて，資本（社会）の自己増殖を目的とした「不自然なもの」へと変異している事態であった。労働／仕事／活動という本来的に定められた「人間の条件」を越境して，「労働」（生命それ自体）が過剰に肥大化し，その反面として「仕事」（世界性）と「活動」（複数性）が衰退化する事態をこそ，アーレントは全体主義の前段に当たるものとして批判的に捉えていたのである。逆に言えば，「生命それ自体」（労働）／「世界性」（仕事）／「複数性」（活動）という「人間の条件」を構成する諸要素のあるべきバランスを取り戻し，いずれかの要素が肥大化・暴走しないように気を配ることこそ，全体主義化への対抗になると彼女は考えていたはずである。では，労働・仕事・活動の適切な三角形のバランスを「世界」に取り戻すために，われわれに求められているものとは何なのだろうか。

第5節　「世界」の再構築にむけて

　冒頭で述べたように，近代における公共性の後退を，「活動」（複数性）の衰退という観点からだけでなく，「仕事」（世界性）の衰退化と「労働」（生命それ自体）の肥大化という観点からも捉え直した点にアーレント思想の大きな特長がある。そしてそうであるとすれば，現代における「公共性」の取り戻しのためには，「活動」の復権のみならず「仕事」の復権および近代的「労働」の抑制が要請されているのだとわれわれは考えなければならないだろう。言いかえれば，公共性の取り戻しのためには，安定的な「世界」の再構築と「社会」の増殖運動の抑制が求められているのである。

　とりわけ本章では，全体主義運動への対抗的営みとして，アーレントの「仕事」概念が持つ意義を改めて強調しておきたい。ここまで述べてきたように，近代化とともに脅かされてきたのは，まず何よりも「世界」の安定性と永続性であった。「世界」という安定した舞台・住処が損なわれたが故に，近代人は「世界疎外」の状態に陥り，また公的「活動」の可能性も損なわれるという事態が生じたのであった。そうであるとすれば，「社会的なもの」の勃興から

77

大衆消費社会の成立を経て，全体主義運動の出現へと至る「無限増殖運動」の連鎖に対抗するためには，まずもって安定的で永続的な「世界」を再構築する「仕事」の営みを取り戻すことこそが必要とされているはずである。
　そのことを象徴的に示す記述をわれわれは以下に見出すことができる。

　　世界のなかに共生するというのは，本質的にはちょうど，テーブルがその周りに座っている人々の間 (between) に位置しているように，事物の世界がそれを共有している人々の間にあるということを意味する。つまり世界は，すべての介在物 (in-between) と同じように，人々を結びつけると同時に人々を分離させている (HC, p.52, 訳 pp.78-79)。

　議論する際にテーブルの周りに集うことによって，われわれは対話者と適切な距離を保ちながら，コミュニケーションのための舞台（＝共通世界）を共有することができる。この共通世界としての公的領域は，人々が集ってコミュニケーションするための共通の場所を提供するとともに，人々が個々として直接的に対峙し合わなくてもよいような「介在物」の役割を果たす。「介在物」としての「世界」は人々を隔てつつ，関係させる。
　他方で大衆社会を堪え難いものにしているのは，「人々の介在物であるべき世界が，人々を結集させる力を失い，人々を関係させると同時に分離するその力を失っているという事実」である (HC, p.52, 訳 p.79)。議論のためのテーブル（あるいは公的舞台としての「世界」）を失ったとき，われわれは互いの適切な距離感を見失い，それぞれに孤立するか，過度に直接的にまでに互いに対峙するほかなくなるだろう。このような「世界疎外」の状況においてこそ，人種主義を掲げて「われわれ」の「同質性」を強調し，「われわれ」をひとつの「全体」にまとめあげようとする全体主義運動が出現してくることになるのだ。
　もう1つ，アーレントにおける「公共性」の理念を説明するための象徴的な記述として取り上げられることの多い，『過去と未来の間』序文における一節を引用しておこう。

われわれが一緒に食事をとるたびに、自由は食卓に招かれている。椅子は空いたままだが席は空けてある（BPF, p.4, 訳 p.3）。

　この一節は、誰に対しても議論のための席は開かれているという「公共性＝公開性 Öffentlichkeit」の原則を示す比喩的表現として繰り返し解釈され、重宝されてきた（齋藤、2000, p.iii）。もちろんそのような解釈はそれとして妥当なものであるのだが、それとは別様にこの一節を再解釈することもまた可能であるように思われる。すなわちこの記述は、公共的な議論（活動）の成立のためには「テーブル」と「椅子」が必要とされるということを象徴的に示しているのではあるまいか。先述の通り、複数的な「活動」のためには、安定的で永続的な舞台としての「世界」が必要とされるのであり、複数の意見を持った人々が共通のテーブルを囲むことによって、公共的な空間が形成されるのである。
　われわれが何もないところで自由に「活動」や「議論」を継続的になすことは難しい。共通の「テーブル」を囲むことによって、われわれはそれぞれに意見は違えども、共通の「テーブル」を囲んでいるという事実を共有することができる。この「テーブル」はわれわれの一生を超えて、次の世代へと引き継がれていくものであり、われわれはこの「テーブル」を大切に保全しながら、より良きものへと作り変えていく責務を負っている。なんとなれば、この「テーブル」に象徴される「世界」は、われわれの生に安定性と永続性を与え、われわれを人間たらしめる「活動」を可能としてくれるものだからである。そしてわれわれの「活動」や「議論」もまた、この「世界」としての「テーブル」をいかにして良きものにしていくか、この「世界」をいかにして守り、次世代へ繋げていくかという論点をめぐって展開されることになるのである。
　そしてここでわれわれが改めて確認しておくべきことは、安定的で永続的な「世界」を再構築する際に必要とされるのが、「労働」とは区別される「仕事」の営みだということである。あるいは近代的労働から「仕事」を奪還することが必要とされる、と言ってもよい。短期間のうちに消耗されてしまう「消費財」を生み出す「労働」とは異なる、耐久的な「使用対象物」を生み出す「仕

事」の営みを取り戻すことこそ——複数的な「活動」の次元の取り戻しとあわせて——，公共性を復権するための第一歩になるのだと考えることができよう。「仕事」が作り出す安定した「世界」の存在こそ，アーレントが「公共圏」成立の必要条件と考えていたものであったからである(4)。

　同時に，過剰なまでに増殖した「労働」を生命〔生活〕の維持という本来的役割に戻してやることも必要である。近代社会における「労働」の肥大化がすべての「使用対象物」を「消費財」に変え，労働‐消費のサイクルを加速度的に速め，人々を「孤立」した「根無し草」の状態に追い込んでいるのだとすれば，その速度を緩め，「労働」を生命・自然の必然性に対応した循環的な営みへと還元することによって，「労働」と「仕事」の本来的区別が回復され，「仕事」の取り戻しも可能なものとなるはずだからである。

第6節　労働・仕事・活動のバランスを取り戻すために

　本章の考察を象徴的に要約してくれる一節をもう一度引用しておこう。「われわれが一緒に食事をとるたびに，自由は食卓に招かれている。椅子は空いたままだが席は空けてある(5)」。ある意味では，この一節には「労働」「仕事」「活動」の3つの要素がすべて入り込んでいると解釈することもできる。なぜなら，「食卓を囲みながら友人とともに議論をする」という行為は，食事を用意すること・食事をすること（労働），テーブルや椅子を製作・保全すること（仕事），議論すること・語り合うこと（活動），という複数の行為の組み合わせによって構成されているはずだからである。

　「私たちが行っていること」の分析こそこの書物の目的である，とアーレントは『人間の条件』の序文で明言している（HC, p.5, 訳 p.16）。しばしば誤解されがちなことであるが，アーレントはこの書物において，公的な「活動」を礼賛し，私的な「労働」を卑下しようとしていたわけではない。ましてや，古代ギリシアへの回帰を主張したり，奴隷制度を是認したりしていたわけではない（森川, 2011）。そうではなく，「労働」「仕事」「活動」がそれぞれ「生命それ自

第3章　「労働すること」と「仕事すること」

体」「世界性」「複数性」という「人間の条件」に対応した営みであり，そのすべてが人間の生にとって不可欠な要素であることを明らかにする点にこそ，アーレントの意図があったのだと捉えられなければならない。

　アーレントが批判していたのは，あくまで近代社会のもとで肥大化した「労働」であって，本来的な「労働」そのものではない。むしろ，生命維持の必然性に対応する「労働」が人間の生にとって不可欠であることを認め，「労働」がその本来の役割の範囲内に留められるべきことをこそ，彼女は主張していたのであった。同様に，安定的で永続的な「世界」を製作することこそが「仕事」の本来的役割であり，近代ではこの役割が衰弱しているが故に，「世界疎外」が進行し，「活動」のための公的舞台が掘り崩されていることを彼女は問題視していたのである。「世界」を構築する「仕事」の営みを取り戻さない限り，複数的な「活動」の営みもまた持続し得ない。「社会的なもの」（あるいは「経済的なもの」）の増殖運動から適切な距離をとって，安定的で永続的な「世界」という空間を確保することこそ，現代の「公共圏」の成立にとって必要とされているものなのだ。

　念のために述べておけば，アーレントはこれら3つの営みが職業的あるいは身分的に分離されるべきだなどということを主張していたわけではない。近代以前の身分社会においてならまだしも，現代社会においてはわれわれ一人ひとりが労働・仕事・活動の3つの営みすべてを引き受けなければならない。誰もが生活の各場面において，ときには「労働」をし，ときには「仕事」をし，ときには「活動」せねばならない。それぞれの状況によってその割合が変化するだけで，基本的には3つの営みすべてにわれわれは関わるのであり，それが職業や身分によって固定されているわけではない。ましてや，アーレントが古代ポリスにおける奴隷制度を現代に復活させようと目論んでいたわけでもない。重要なのは，日常の各場面においてわれわれがそれぞれの営みに関わる際に，それがどのような役割を持った営みであるのかを理念的に把握し，区別できるようにしておくことである。

　われわれを適切に隔てつつ関係させるテーブルとしての「世界」を取り戻す

81

こと，そのテーブルを彩る食事をつくり，友人とともにその食事を味わうこと，そしてその友人たちとともに語らい合い，議論し合うこと，こうした営みの重なり合いこそがアーレントが描き出そうとした，〈活動的生活〉のあるべき姿だったと言うことができるだろう。そうしたごく当たり前の営みを取り戻すことからこそ，われわれにとっての「公共圏」の再建は始まるのだ。逆に言えば，こうした営みの複層的重なりが成立していないときには，われわれは「世界疎外」の状態に陥り，「孤立した大衆＝根無し草」と化している危険性がある。そのとき，全体主義の出現はわれわれのすぐ目の前にまで迫っているかもしれない。

〈注〉
（1）『人間の条件』邦訳の解説文で訳者の志水速雄が書き記しているように，「労働」と「仕事」を区別するアイデアをどこから得たのかと尋ねられたとき，アーレントは「台所とタイプライター！」と答えたという（『人間の条件』邦訳版「解説」，p.535）。すなわち，台所において日々の食事を調理するのは「労働」であり，タイプライターの前に座って本を書く作業は「仕事」である。台所でつくられた食事はすぐに人間の胃袋のうちへと収まり体内へ消化されてしまうが，タイプライターによって書かれた著作は時を超えて読み継がれることができる。この2つの営みを概念的に区別しようとする意図が『人間の条件』執筆のひとつのきっかけにもなっていたのであった。
（2）以下の記述を参照。また，アーレントとマルクスの「労働」概念の差異については，百木（2014）も参照のこと。「一般に近代は，とくにカール・マルクスの場合，かつてみたこともないほど高い西洋人の現実的な生産性にいわば圧倒された。その結果，知らず知らずのうちに，すべての労働を仕事して眺め，〈労働する動物〉について語る場合でも，それはむしろ〈製作者〉にふさわしい特徴を備えていた」（HC, p.87, 訳 p.141）。
（3）アーレントは，人類を「労働から解放」しようとするマルクス主義的なユートピアを批判し，そのような試みはかえってディストピアを招きかねないものであることを指摘している（HC, pp.104-105, 訳 pp.160-161）。生の必然性を満たす「労働」の営みは，人間にとって欠くことのできない「条件」の1つであり，それは廃棄されるべきものではないことをアーレントはよく認識していたはずである。
（4）同時に，アーレントが「世界」を縁取る「境界線」の重要性を繰り返し強調していたことにも注意が必要である。「私有財産を囲み，それぞれの家の境界線を守る垣，民族の物理的アイデンティティを保護し，可能にする領土の境界線，民族の政治的存在を保護し，可能にする法律——このような制限や境界線は，人間事象の安定にとって極めて重大である」（HC, p.191, 訳 p.309）。あらゆる境界線が喪失していく時代においても，なお何らかのかたちで「境界線を引く」営為が必要とされるというのがアーレントの考えであった。たとえ不完全で暫定的なものであったとしても，公的領域／私的領域，世界／自然，労働／仕事／活動などの間に「境界線」を設ける努力なくしては，われわれは「無限増殖運動」の出

第3章　「労働すること」と「仕事すること」

現を防ぐことはできず，安定的な〈活動的生活〉を営むこともできないのである。
（5）正確に言えば，この一節は詩人ルネ・シャールの言葉をアーレントが引用したものである。それは，第2次世界大戦時に展開されたレジスタンスにおいて束の間成立した「自由の空間」を表現するものであった。しかしこのような理想的な「自由の空間」は戦争が終了するとともに，「遺言 testament」もなく失われてしまったとアーレントは述べている（BPF, p.4，訳 p.3）。それ故，アーレントがこの一節に示される「公共性」を，「失われた宝」としてむしろ悲嘆的に描いていたことには注意が必要である。

〈参考文献〉
石井伸男「ハンナ・アレントとマルクス――「労働」と「仕事」の区別をめぐって」『高崎経済大学論集』第40号，pp.111-134，高崎経済大学学会，1997年。
川崎修『ハンナ・アレントの政治理論　アレント論集Ⅰ』岩波書店，2010年。
齋藤純一『公共性』岩波書店，2000年。
百木漠「ハンナ・アーレントの労働思想――「労働のキメラ化」に抗して」『唯物論と現代』第52号，pp.68-85，2014年。
森川輝一「アーレントの「活動」概念の解明に向けて――『人間の条件』第二四-二七節の注解」『聖学院大学総合研究所紀要』第50号，pp.13-49，2011年。
Arendt, Hannah, *The Origins of Totalitarianism* (new edition), Harcourt Brace & Company, [1951] 1973. （大久保和郎ほか訳『全体主義の起原　新装版』みすず書房，1981年）。〔OTと略記〕
―――――, "Ideology and Terror: A Novel Form of Government", *The Review of Politics*, vol.15, no.3, pp.303-327, 1953.〔ITと略記〕
―――――, *The Human Condition*, The University of Chicago Press, 1958. （志水速雄訳『人間の条件』ちくま学芸文庫，1994年）。〔HCと略記〕
―――――, *Between Past and Future : Eight exercises in political thought*, Viking Press, [1961] 2006. （引田隆也・齋藤純一訳『過去と未来の間』みすず書房，1994年）。〔BPFと略記〕
Benhabib, Seyla, *The Reluctant Modernism of Hannah Arendt*, Sage Publications, 1996.
Canovan, Margaret, *Hannah Arendt : a reinterpretation of her political thought*, Cambridge University Press, 1992. （寺島俊穂・伊藤洋典訳『アレント政治思想の再解釈』未來社，2004年）。
Sayers, Sean, "Creative Activity and Alienation in Hegel and Marx", *Historical Materialism*, vol. 11, no.1, pp.107-128, 2003.

※引用文献について，邦訳があるものについてはそれを参照したが，筆者の判断で訳文は適宜改めた。
※本章は，科学研究費補助金（特別研究員奨励費）による研究成果の一部である。

（百木　漠）

第4章
ディシプリンとしての経済学と
制度アプローチの学際的可能性
——レギュラシオン学派の言説から——

　21世紀に入り，金融経済の肥大化や，地球規模での環境や食糧問題，あるいは急速な高齢化社会への転換，と新たな人類規模での問題とそれへの対応が求められる時代を迎えている。そして，これらの諸問題が顕在化するなかで，従来の国民国家を単位とした経済分析や市場分析の限界が，露呈している。それは，従来の経済理論が想定してきた，市場や国家（政府）による経済運営のあり方や，それらを中心に据えた理論・分析を再考する時期の到来を告げる鐘の音でもある。

　それ故，本章では，こうした現状にある経済理論がいかなる形で，今日的な諸課題に対処し得るのか，あるいは，そのためにいかなる方向性が見出されるのかということを，特に，経済学の制度理論に注目して検討する。なぜなら，この理論は，とりわけ現実社会を分析する上で，主流のミクロやマクロの経済理論の市場に対する仮定が特殊であることを自覚し，市場が上手く機能するための背景としての法律や政策に関わる政治的要因や，各国固有の社会慣習や文化的要素を考慮しつつ，展開しているからである[1]。換言すると，多くの経済理論が市場のみを分析対象に据えて1学問として完結しているのに対して，制度理論は，例えば，社会学や政治学，あるいは文化人類学等との理論的対話の可能性を有している。

　そして，こうした学際性の視点から，以下では，1970年代から興隆してきた今日の制度理論（新制度学派，比較制度分析，現代制度学派など）のなかでも，特に，フランスのレギュラシオン学派の展開に注目して話を進める。まずは，この学派が，他の経済理論とは異なり，多様なタイプの行為や空間を仮定し，

また，他の学問での議論を包摂し得る視点を有していることを確認する。次いで，レギュラシオン学派が，1980年代以降に日本に導入・受容されるなかで，いわゆる市民社会論や，政治学のA. グラムシの議論をも巻き込みつつ展開した経緯を，特に，草創期に活躍した平田清明の言説に注目しつつ検証する。これらを踏まえ，最後に制度の経済理論にとっては，従来の国家や市場とは異なる第3の新たな分析領域を設定することが，今日的な諸問題の解決や，一層の学際的かつ経済学内部での対話に有益であることを指摘し，本章での議論を終える。

第1節　学際的視点から見たその核心

レギュラシオン学派については，すでに数多くの文献で検討されているため，また紙面の都合上，その詳細を再論することは割愛する。以下では，本章に関わる内容に限って，その特徴をあらかじめ確認しておきたい。

それは，K. マルクスの経済理論との関係性である。代表的論者の1人，R. ボワイエによると，レギュラシオン学派の出発点は，「マルクス主義の最も根本的な諸カテゴリーについての理論的省察にある。例えば，労働力の価値というのがそれであって，これは，それぞれの時代の消費ノルムと，蓄積過程が現定する搾取率との交点で決定される。同じく貨幣の規則性，信用の役割，蓄積に対するインフレの影響などに，特別な注意がはらわれる」と言う（Boyer, 1986, p.33, 訳 p.45）。そして，具体的には，特定の時代の社会的諸関係を見るための概念として，5つの「制度諸形態」を用い，そのなかでも特に「賃労働関係：raport salarial」が重要だと，1990年代後半まで強調されてきた。

この「賃労働関係」は，端的に言えば，資本家―労働者の関係を，マルクス的な一面的「搾取」の関係として把握することなく，労働者自身が，生産面で労働を供給するのみならず，消費という需要面にも関与することで，システムでの一定の動態性・規則性に影響を及ぼすことに言及する概念装置である。同時に，その制度の下で規定化，規格化される労働者自身の日々の生活（再生産）

は，政治的・社会的な階層の労働者間で一定の「ヘゲモニーブロック」を成立させる。それ故，社会階層や，資本家—労働者の関係は，コンフリクトを内在した一時的な「妥協」関係としても理解される。そして，これらの一時的な関係性は，経済全体での「蓄積体制」を支える社会的な「調整様式」もまた，ある時代，ある空間において一時的なものとして理解する上での根拠の1つにもなっている。

以上の説明からは，本章での基本的な視点である学際性をめぐって，レギュラシオン学派のアプローチとしての，次のような重要な独自性を確認できる。つまり，それは，諸制度の下での，（経済学で一般的に想定されているような，経済主体＝individual という人間に対する認識に限定せず，より広範な認識の下での行為者，個々人という意味を指す言葉として，本章の以下で使用する）「アクター」の行動をめぐって，それ自身の通時的な再生産の中でも特にその消費活動を明示し，アクターの生活全般を捉え得る視点を打ち出していることである。これは，他の経済理論，特に一般均衡分析をはじめとするいわゆるミクロ経済アプローチには見られない特徴である。次節では，より詳細に，この学派の行為仮説やその行為が営まれる空間設定を確認する。

第2節　行為とその活動諸空間

(1) 社会的多面性と再生産という基本認識

レギュラシオン学派でのアクターは，（アクター間で）共通の参照基準，手続き，そして規則性などを通じてのみ自己の位置を確定し得る存在である。換言すると，それは，社会的な存在として，他の主体との関係において自己を位置づけ，また位置づけられるものである（Boyer and Saillard, 1995 [2002], pp.36-37, 訳 pp.30-31 ; Boyer, 2003a, pp.72-73）。これは，(a) 行為がその文脈に基礎づけられ，その状況に適応しているという点でのみ合理的なモノとして，つまり，制度的な文脈に応じた程度の「合理性」を持つモノとして把握されること，(b) 通常の経済理論で想定する個々バラバラな individual としてはアクターを理解

しないこと，これら2つを意味する。または，「Hol-Individualisme」と呼ばれる独自の方法論的立場でもある。

　先に触れたように，そうしたアクターは，システムでの通時的な規則性や，特定の「制度諸形態」の下で自らも再生産する存在である。これについて，例えば，ボワイエは，社会学者P. ブルデューの「ハビトゥス」概念を援用する形で，特に，アクター間での持続的な異質性と差異や，アクターの制度的文脈における「生成的自発性」に注目した行為を想定している（Boyer, 2003a; 2003b; 2004）。あるいは，行為の空間をめぐって，通常の経済理論では，市場での独立したアクター間での単一のコーディネーション（＝需要―供給の均衡点，またはアクター間での協調的な状態）をその社会的な解とするのに対し，レギュラシオン学派ではブルデューらの社会経済アプローチが，市場を社会的・政治的な相互作用の経済的な「場」と見なす点や，市場そのものを1つの制度としてその生成と変化を読み解く点を評価している（Boyer, 2004, p.33, 訳 p.175）。

(2) 活動空間・単位ならびに社会的調整の多元性

　こうした市場外でのアクター間でのコーディネーション，社会的調整の場も重視する見解は，行為が，次の図1のような，①〜⑥の6つの空間で多面的に営まれることを指摘していることからも確認できる（Hollingsworth and Boyer, 1997, pp. 6 -11, 訳 pp.17-20）。

　図1の縦軸は，行為が，アクターの純粋な利己的な欲求に基づく行為なのか，あるいは，そうではなく，社会的ルールへの服従・承認を巻き込む義務的な行為なのか，という区別を意味する。また，図1の横軸は，その空間での権力関係を意味し，水平的であれば平等であり，垂直的であれば，権力を伴う上下関係にあることを意味する。そして，これら縦軸と横軸の組み合わせによって，いくつかの社会空間の様相・形態と，それに応じた調整メカニズムが多元的に存在し得ることが，説明されている。図1における①〜⑥のそれぞれの空間，社会的単位は，次のような意味を持つ。

　①市場：私的利益と，水平的調整による取引行為の場であり，例えば，純競

第 4 章 ディシプリンとしての経済学と制度アプローチの学際的可能性

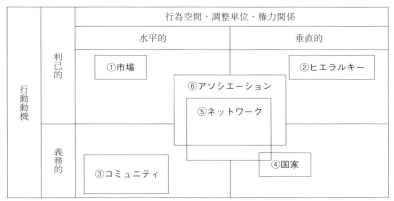

図 1 アクターの行為とその空間,社会的調整
出所:Hollingsworth and Boyer, 1997, p. 9 より筆者作成。

争的か寡占的かといった市場形態に影響する。

②ヒエラルキー:市場取引の企業内部への統合,例えば,企業が持株会社であるか,あるいはコングロマリットであるかなどの形態に関係する。

③コミュニティ:信頼,互酬性,義務に基づいた制度的取り決めで,純粋に利己的な快楽計算に基づかない行為を伴う場。例えば,クラブ,閥(clans),コミュニティなど。

④国家:アクターに対する様々な介入の形態。他の調整メカニズムに対して,許可や規制を与える存在であると同時に,経済の主体として,生産と交換を利害関係のうちに調整するモノ。

⑤ネットワーク:私的利益と社会的責任の様々な混合であり,例えば,巨大企業とその下請け企業との関係など。

⑥アソシエーション:市場での取引相手にルールを守らせるための集団であり,具体的には,企業間での協約や合弁事業の一部も含む。

これら①〜⑥のアクターの活動空間,活動単位のなかで,本章で,特に注目しておく必要性を持つモノは,③コミュニティ,④国家,そして,⑥アソシエーションの3つである。なぜなら,①市場,②ヒエラルキー,そして⑤ネットワークに関しては,例えば,新制度学派などの他の制度理論でも言及される

一方で，他方，③コミュニティや⑥アソシエーションを明示的に据えた説明は，経済理論として異例であるからである。また，④国家をめぐっては，それに，空間としての意味と，社会で活動する主体という意味を二重に与えてもいるからである。それ故，以下では，これらの空間でのルールやその具体的な（行為）手段も取り上げておく（ibid., pp.15-17, 訳pp.24-25）。

まず，③コミュニティでは，社会的連帯と高信頼度に基づく自発的交換をその基本ルールとし，その手段として，社会的規範，道徳律，そして，他者の知識と長期の相互依存関係の必要性が挙げられている。また，⑥アソシエーションでは，成員の限定と内外での対立を基本ルールとして，私的利益と名望の獲得がその手段になる。そして，④国家は，一方的に活動する権力特権を持つモノであると同時に，間接的，グルーバルな政治的，経済的交換をルールとし，退出（脱税や移民），発言（投票，ロビーイング）がそこでの具体的手段になるという。

この④国家をめぐっては，特に，政治的プロセスと経済との関係性が制度変化に与える影響という観点から，ボワイエによって改めて議論されてもいる（Boyer, 2004）。彼は，「制度諸形態は，本質的に，コンフリクトにつづく妥協の結果であり，それ故，制度変化と政治領域に影響をあたえる諸推移を切り離すのは，むずかしい。加えて想起すべきことだが，権力関係は政治領域と同様，経済領域で表現される」と断った上で，「基本的社会的諸関係のコード化」を意味する制度諸形態は，「ほとんどすべての場合，法律や判例を媒介とした政治的意思決定を介在させる」と指摘している（ibid., p.4, 訳p.262）。

そして，この（政治的な）権力関係の変遷が，制度間での重要性の序列を意味する「制度階層性」の転換に影響を及ぼす。あるいは，社会での構造的危機の下では，アクター間でのコンフリクトが顕現するために，「制度」の定義・再定義を巡る闘争が繰り広げられ，そして「妥協」が見出されるというロジックが説明されている。このように，社会での経済に対する政治的プロセスでの「妥協」ないし一時的な「合意」を重視するアプローチとしての立場が確認される一方，他方では，前述の③コミュニティや⑥アソシエーションの経済的な

役割に注視する議論も見られる。

　例えば，代表的論者の1人であるA．リピエッツ（Lipietz, 2001；2012, pp. 100-105, 訳 pp.143-146）は，2000年代の地球規模でのエネルギー，環境，高齢化，そして食糧問題といった社会的危機を迎えている時代には，「社会的連帯的経済」が必要だと論じている。彼によると，19世紀初め以来，人民階級は，国家，市場，家族そして教会を拒否しつつ，賃労働者階級を形成し，新たな自由なアソシエーションとして，労働運動のための組合，日常生活のための共済組合，生産と消費のための生活協同組合，あるいは行動のためのアソシエーションを発明してきたものの，21世紀の今日では，連帯主義に対立する，行き過ぎた個人化（individuation）が進んできたために，ボランティアをベースとした生産と社会的な，新たなつながりが重要な意味を持つという。

　そして，現代社会に持続的に要請される「社会的連帯的経済」の「社会的」とは，1人1票の原則と制限的な利益という2つの原則で運営される一定の経済組織形態を，また，「連帯的」とは，活動の目標，目的である共同体のサービスに関わっていることを，意味する。加えて，例えば，（病人や子ども，老人などの）社会的弱者へのケアの行為の営みが，より具体的な主題の1つとしても挙げられてもいる。こうした分野は，従来の自己利益を意図した行為を原動力として展開する経済ではなく，「他者への配慮を自分の仕事に結び付けている積極的な人間」によって担われ，「私がお前のためにこのことをするのは，私が必要になったとき，今度はお前が同じようにしてくれることを期待しているからである」という行為原則によって成立するとも指摘されている（Lipietz, 2012, p.98, 訳 p.110）。

（3）再検証——行為とその空間をめぐって

　これまで，レギュラシオン学派の行為仮説およびその活動空間について，簡単に敷衍してきたが，まず，本節での検討から次の3点を析出できる。

　まず，第1点目として，レギュラシオン学派は，行為仮説や社会構造の変化といった主題に関して，大きくは，アクター自身の社会での「再生産」を前提

しており，特にブルデューの社会学理論と親和性がみられるということである。これは，例えば「ハビトゥス」概念を援用していることや，あるいは，ボワイエ自身が「親戚関係」にあることを明言していることから確認できる（Boyer, 2003a; 2003b; 2004）。

また，第2点目としては，アクターの間では政治的ないし，より広範な社会的コンフリクトが見られる状態を前提条件に据えている点である。これは，レギュラシオン学派がマルクスの経済理論を継承するなかで，保持してきた視点であり，2000年代においても，制度変化の議論のなかで変化の源泉やその原動力の1つとして位置づけられている。

そして，第3点目には，アクターの多面性やその活動の多様性を表す空間，あるいは，そこでの（社会的）調整の多元性を表すモノとして，コミュニティやアソシエーションといった空間，社会的単位を示している点である。加えて，この際には，通常の経済理論で想定されるような，純粋な自己利益の視点からは語り得ない，信頼や他者への配慮に基づく行為についても言及されている。

以上から，レギュラシオン学派は，行為仮説やその分析対象とする空間をめぐって，社会学や政治学と，あるいは，文化人類学とも関わるような学際的視点を共有し，それら諸学問と建設的な対話を推し進めるフレームワークを有していると言える。そこで，次には，レギュラシオン学派が，特に日本で1980年代以降に受容されるなかで，例えば，日本での「市民社会論」の潮流にどのように包摂され，またそこで，何が主題として論じられていたのかを検証し，レギュラシオン学派の学際的視点に対する理解をさらに深めていく。

第3節　レギュラシオン学派をめぐる日本での受容と展開

(1) 市民社会論との接合――平田清明の試み

18世紀フランスのF. ケネーやK. マルクスの経済学説史家として有名だった平田清明から，生前に直接教えを受け，また，現在に至るまで，日本でのレギュラシオン学派の代表的論者の1人である山田鋭夫（八木ほか，1998, pp.

251-259）は，平田によるマルクス理論の受容と，それを踏まえた晩年のレギュラシオンへの包摂の経緯を以下のように解説している。

1960年代に，平田が，マルクスの「資本循環のなかで，つまり資本が第一循環，第二循環と反復的に進んでいくなかで，はじめはお互いに自由平等であったようにみえた市民社会の所有関係が，じつは資本家的私的所有ないし階級的搾取関係に転変してしまうという問題」，いわゆる「領有法則の転回」に注目することで，市民的に平等な関係が資本主義的に不平等関係になる，近代社会の逆説的なロジックに光を当てたという。そして，この所有をめぐる議論の延長上に，やがて，平田の「市民社会」論が構築されたという。[2]

この「市民社会」は，(a) 私的個人が形成する自由平等な社会，(b) 市民の日常的な生身の生活，単に経済のみならず，法，政治，イデオロギー，文化的な多面的な人間的な過程に即した所で捉えられた社会，(c) 市民社会を，所有が曖昧な伝統的共同体とは異なるという意味で，近代ヨーロッパの第一次的な社会形成と見なすことを前提として，そして，「領有法則の転回」を媒介として存立する資本家社会ないし資本主義とは区別された社会，の3つの意味を持つ。[3]

なお，こうした見解が生まれた時代的なコンテクストとして，政治的に自由で平等な個人の実現と，経済での私的所有が連動して経済発展を遂げた18世紀以降の欧米社会に対して，1960～70年代に経済のみが急激に発展していった日本社会の，あるいは，そうした状況の下で展開していた当時の日本の市民社会論それ自体の「特殊性」に注目しておく必要性を，筆者は，あらかじめ指摘しておきたい。

こうした背景を踏まえつつ，以下では，平田自身が，どのように，市民社会論とレギュラシオン学派を接合させたのかを，学際的視点から再検証してみる。

平田は，例えば，政治学者A. グラムシの議論を踏まえ，「国家とは強制力の鎧をつけたヘゲモニーである」として指摘し，彼に対しては「現代国家の省察に方法論的にして実践的な枢要点を開示するとともに，現代における社会的制御調整（レギュラシオン）理論構築に礎石を用意した人物であった」と評価し

ている（平田，1993, p.271）。

　また，レギュラシオン学派とグラムシとの具体的な接合に関わっては，（グラムシの）「ヘゲモニーは，支配階級が被支配階級に対して，また逆に被支配階級が支配階級に対して，市民社会の常識と世論，伝統的な法規範や哲学思想やさらには芸術的宗教的意識を利用し，あるいは転用して，支配（または指導）への積極的な合意を調達し再生産する社会的な力能」であると論じている（*ibid.*, p.268）。そして，「労働力再生産組織をいかに形式的実質的に構築するかは，資本主義国家の最重要課題をなすものであり，グラムシの時代では『アメリカニズム』（実はヨーロッパ主義）と『フォーディズム』がそれなのであった。今日構造主義の静態主義を超えるべく概念構成を試作している『レギュラシオン・アプローチ』の原点はここにある」と結論づけている（*ibid.*, p.268）。

　つまりは，レギュラシオン学派が説明する，社会全体で一時期に見られる「調整様式」に先行するものとして，グラムシのヘゲモニー概念を位置づけ，関連づけることで，レギュラシオン学派に，政治学の議論を包摂している。あるいは，「グラムシのなかからヘゲモニー概念を摂取し，自らのレギュラシオン概念をも提示していた」という，N. プーランザスの議論を（レギュラシオン学派の）「蓄積体制」を成立させる政治的・社会的な媒介の諸モメントを政治経済学に必要なかぎりで指摘していたのだと評することができる」とも論じている（*ibid.*, pp.298-309）。

　以上のように，レギュラシオン学派での，社会的・経済的規則性やアクターの再生産といった社会経済の把握に直結する諸概念と，それらと接点を持つ政治学理論との関係性の検討を踏まえて，改めて「市民社会」へと議論が進められる。

　そして，ここに改めて提示される市民社会とは，「一方で経済の，他方で文化の諸位相と重なり合い，それと融合していくなかで，それから自立した政治社会を形成ないし再形成していき，その最高統括＝『公的要約』として国家を不断に再措定する」ものである（*ibid.*, p.331）。より具体的には，以下の①社会的文化的共同空間，②経済的（政治的）公共空間，③国家的公共空間の3つの

空間が共生しつつ，社会構成を内的に再生産する社会を指す。

　①社会的文化的共同空間：「市民社会は，男女・家庭・隣人の共時的連帯とそのライフサイクルによって構成されるところの生活と生殖（この意味で再生産）の場であり，また衛生・医療・保育・身障・高齢者介護というオーバーオール福祉サービスがなされることによって維持されるところの「再生産」の場」である (*ibid.,* p.332)。具体的には，学校や芸術施設の公共インフラ，マスメディア，自治体などが挙げられている。

　②経済的（政治的）公共空間：株式会社制度に基づく各種企業や銀行が，経済的空間での主な主体であり貨幣資本と商品資本の循環を総括している。同時に，それらの間での紛争解決や，経団連と関連省庁との各種審議会等の公的機関の設定などを巡って政治的色彩を帯びてもいるとも言う (*ibid.,* pp.335-336)。そして，この市民社会の部分組織としての政党や政治団体の言説は，常に市民社会での「カウンター・ヘゲモニーとしてのパラダイム提起（オールタナティブ）によって否定的に媒介される程度に応じて」，国家の変容へと導く源泉として見なされてもいる (*ibid.,* p.337)。

　③国家的公共空間：議会，裁判所，官庁の審議会などの国家機関を意味し，市民社会では，政党のみならず経営者団体や労働組合，あるいはマスコミ等も世論形成能力を持つ。それ故，「現代の国家書記官が保持する権限は，定められた権限の行使にあたって，社会を構成する諸階層の物質的利害関係や議会および議会外の諸機関で表明される世論，より根底的には多少ともイデオロギー的な諸種の提言や政策によって制約」され，「グラムシが提起した，政治社会における強制力と市民社会におけるヘゲモニーとの統合における国家権力の成立というテーゼ」が再定義される場である。

　以上の①〜③の 3 空間からなる市民社会において，特に「国家」は，(a)「蓄積体制」の利害関係者として，(b) 経済的なレギュラシオンの直接の形態として，またその保障者として，(c)「ヘゲモニーブロック」を構成する制度化された場として，(d) ヘゲモニックなソシエタル・パラダイムとして機能する政治的言説を表明する場として，機能する (*ibid.,* pp.342-343)。また，これ

ら4機能を有する国家は，D. R. アンドレが言う内部国家であり，それ自身が経済圏域に介入する意味も持つと把握されている (*ibid.*, p.343)。

そして，レギュラシオン学派が強調する変化のプロセス，つまり市民社会の変容・動態をめぐっては，「市民社会がブルジョア的資本主義社会と――発展テンポにおいてニュアンスを異にするとはいえ――軌を共にし，相互に関連しあう限りにおいて，それ固有の時間的規定を呼び起こす。資本主義的な経済空間が市民的生活空間と同時存在するものである限り，社会的労働時間は社会的必要労働と社会的自由時間によって成立させられている。これら両時間は，資本の循環・回転時間によって経済的に規定されるが，しかし，この循環・回転時間それ自体が技術水準と労働組織によって，また社会各層の生活欲求（時間消費様式）によって規定される」という (*ibid.*, pp.347-348)。それ故，労働者の社会的自由時間の配分や確定「それ自体が社会的文化的闘争」になる (*ibid.*, p.349)。

以上のような，一連の説明からは，平田が，経済や社会全体における基底的法則として，資本循環プロセスやアクター間でのコンフリクトの常態性を，理論的な前提条件として保持し，また重視し続けていたことを再確認できる。

(2)「企業主義」社会としての日本社会

さて，本節冒頭に挙げた山田自身は，内田義彦からの影響を受けつつ，レギュラシオン学派のアプローチに基づき，1970年代～90年代前半の日本が，国際比較の文脈のなかで「企業主義」，または「トヨティズム」という独自の社会経済システムであることを析出している。

こうした日本社会は，たとえ，相対的に見て，欧米諸国と比べても高い経済効率性を実現しているとしても，(a) 大企業男子正社員とそうではない労働者との間に大きな差異を生み，また同時に非労働人口や退職した高齢層すらも排除していること，(b) 企業人をはじめ多くの日本人が市民生活を失ったこと，この2つの意味でマイナスの側面を持つ (山田，1994, p.263)。それ故，当時の日本は，「労使」のみの市民社会であり，しかも社会的弱者を疎外した上での

第4章　ディシプリンとしての経済学と制度アプローチの学際的可能性

制度化された市民社会でしかなく，世界のなかで見れば，先進諸国民のみの市民社会でしかないとされている。つまりは，日本が企業人のみの市民社会でしかなかったと位置づけられている（*ibid.*, p.283）。

そして，こうした社会問題の解決には，「民間の自主的なコミュニケーションのルート」を，つまりは，新しい市民的連帯のネットワークをつくりあげる以外にないと言う。山田（1991, p.184）が念頭に置く日本の「市民社会」は，「この非企業主義的な自発的連帯のネットワーク」が必要とされる社会であり，具体的には NGO や NPO の活動が活発な社会を意味する。なお，NGO 等が増加した 2000 年代には，「倫理，道徳，さらには経済，社会のニュアンスをこめて『市民社会』という言葉で表現したい」とも論じている（山田，2005, pp. 9-10）。

(3) 今日的検証――時代特殊性と日本社会への認識

以上のような，1980 年代から 1990 年代前半の日本でのレギュラシオン学派の受容を今日的に理解すべく，以下では，歴史コンテクストとしての時代性と，家族，私的な隣人，そして友人との関係や，地域でのつながりといった社会的紐帯ないし社会的な連帯を意味する言葉として，以降で用いる「社会」という，2 つの視点から考察していく。

まずは，コンテクストとしての時代性の視点から検証する。近年，市民社会論の史的系譜を示した植村（2010, pp.261-262）によると，平田の議論は，「市民社会派マルクス主義」に類型され，その後の継承者を生まなかったという。加えて，彼の市民社会論とレギュラシオン学派との接合には，概念的混乱があったと言う。つまり，平田の市民社会が，「ブルジョア的な資本主義社会」なのか，「制度化された妥協の場」なのか，「自由な人格的自立」の実現した社会なのか，不明瞭だと総括されている（*ibid.*, p.260）。

平田が，このような理解に陥った原因の 1 つには，時代的コンテクストとしての，政治的に欧米から遅れた日本，あるいは日本社会の特殊性という当時の「常識」の影響が強かったのではないかと考えられる。なぜなら，例えば，平

田自身は，最晩年にマルクスのアジアに関する記述に着目し，日本社会の再評価を予定していたからである（平田，2007, p.63）。つまり，経済発展したものの，政治的に個々人が自由に国家に対して発言できるほどに，欧米社会のように成熟していない日本という認識が，彼に長くあったのではないか。

もう1つには，1960～70年代の日本での学生運動や市民社会運動が，独自の政治的発言力や影響力を十分発揮し得なかった「現実」もまた，欧米より遅れた日本という認識を彼に長い間保持させたのかもしれない。これは，平田自身が最晩年にそれら運動と多少政治的成果を挙げた住民運動とを区別して解説していたことから類推できる（ibid., pp.53-56）。

あるいは，山田が，1990年代前半に日本を「企業社会」として，その経済的機能を限定的に認めつつも，政治的にNGOやNPOの役割を強調した理由の1つもまた，それまでの日本の政治的現実に依拠した認識に基づくものと思われる。

さて，次には，「社会」への理解という視点からの検証である。これについて，筆者は，政治のみならず「社会」もまた，欧米に比べて相対的に遅れた日本という認識が，彼らに少なからずあったと推測する。または，経済や政治と共に，「社会」もまた自由な個々人で担われているという，欧米諸国への一義的な理解や誤認が潜んでいたのかもしれない。

例えば，山田は，平田の議論に対して「レギュラシオンこそが蓄積体制を成立させるというのは，その限りでは半分は当たり前のことですが，しかし，蓄積体制の前にレギュラシオンがあるのであって逆ではないという発言になると，これは私には，レギュラシオン受容のあり方としてはやや一面的だと思われます」と苦言を呈している（八木ほか，1998, p.257）。しかし，仮に，平田自身に，欧米と比べて特殊で伝統的社会な日本という認識があり，また，それこそを明確に論じる必要性を感じていたなら，所与の社会構造それ自体を問う逆のロジックを示したとしても，不自然ではない。また，山田自身も欧米「社会」の内実を理解していたかどうかは，疑問を残す。例えば，彼は，自身の研究の歩みを回顧するなかで，問題関心が，「ひとつは『安保―民主主義―市民社会』

といった線であり，もうひとつは『高度成長―現代資本主義―レギュラシオン』という線」にあったと論じているからである（山田，2005, p. 2）。つまり，彼が想定する市民社会には，基本的に，国家に対して主体的に政治的表現を営む場としての意味あいが強く感じられるからである。

　無論，彼らが，経済学というディシプリンに身を置く経済学者であることを前提とすれば，彼らの「社会」認識や「社会」への言及を問うことは，無意味かつ的外れな話である。しかし，本章には直結する内容であるため，例えば，フランスでの福祉国家成立をめぐっては，以下の史的展開が見られたことを確認しておく。

　「革命以降のフランスの課題は，国家と個人の二元的構造と『社会の不在（vide social）』」であったという（田中，2006, p.179）。19世紀中葉には，É. デュルケームらの思想が「人々の相互依存を『連帯』と称し，国家を『連帯』の可視的表現と捉えることによって，一方では，無制約な主権論を批判し，他方では国家による個人への限定的働きかけを正当化する論理を提供した」（ibid., p. 179）。やがて19世紀末には，病気や事故，災害等の「『リスク』の相互化を引き受ける中間集団の結成を奨励し，その役割を補完する」立場として，国家が理解されるようになり，20世紀の第1次世界大戦後には，組合主義的性格の社会保険法や，社会カトリシズムの影響を受けた家族給付制度が導入された（ibid., p.211, p.244）。

　つまり，端的に言えば，18世紀以降のヨーロッパでは，国家（政治）や市場（経済）で自由で平等な個々人が確立し資本主義経済が発展し始めると，19世紀の時点ですでに，旧来のコミュニティや家族などの旧来の「社会」は崩壊に瀕し，やがて国家が「社会」の再生や支援に乗り出さざるを得なかった。そして，これら一連の経緯を経て，20世紀の福祉政策が登場した。

　それ故，このような歴史的蓄積の上にフランスで登場したレギュラシオン学派は，経済理論でもあるため，特に（市民）社会を論じる必然性を持たなかったとも考えられる。また，前節で取り上げたように，同派は，ブルデューの社会階層を前提とした議論が「社会」を説明する上で有効であることや，またそ

れに経済的意味を伴うことを認識している。あるいは，2000年代の議論は，今日的に，ヨーロッパで個人化が先鋭することで「社会」の再生が，経済的に重要な課題として改めて顕在化してきたとも読み取れる。これに対して，1980年代から90年代前半にみられた日本でのレギュラシオン学派の受容は，それ自体が，時代的コンテクストや，今日では疑問を残す欧米「社会」への理解という2つの観点で，独自かつ固有の形で展開したと確認できる。

第4節　学際的対話とその方向性，将来性をめぐって

(1) 新たな分析領域とそのロジックの必要性

ただし，制度理論の学際的可能性という本章の主旨に照らして，平田の試みを再評価すると，少なくとも次の2つでは，われわれに対して，依然として有益な視座を提供しているように思われる。それは，第1に，政治的ないし社会的コンフリクトを考える上での，具体的なロジックとしての政治学でのグラムシのヘゲモニー論の包摂という試みである。あるいは，第2に，アイディアとしてのアクターの再生産がなされる場，「社会的文化的共同空間」の設定である[4]。

これらの2つの内容を踏まえて制度分析のフレームワークを再考すると，大きく言うと，従来の「国家」や「市場」とは異なる，新たな，第3の分析領域を設定することが，まずは有益であろう。だが，仮にこうした国家や市場と異なる第3の領域を設けたとしても，そこでの行為やアクターの関係性が，社会全体にどのように波及していくのか，また，それらが，国家での投票・権力や市場での取引・競争といった行為とは異なる形でどのように説明されるのか，などの検討すべき課題はなおも残る[5]。つまり，制度理論は，新たな分析領域での行為や，それが市場や国家に対して影響を及ぼす明確な経路やロジックを，政治学や社会学の近隣学問から受容し，そして，それらを分析フレームワークに組み込む作業を必要としている。あるいは，この領域を，システムでの経済的規則性という視点から捉えようとするなら，例えば，この領域を社会学や政治学で注目される「ソーシャル・キャピタル」と見なし，その経済効果を測定

第4章　ディシプリンとしての経済学と制度アプローチの学際的可能性

するという方向性もあり得る（宮川・大守，2004）。

　さらに，平田や山田の問題関心の一端を今日的に引き継ぐなら，この新たな領域は，社会システムとしての日本の位置づけやその特殊性の論証に関わる。これをめぐっては，日本と急速に経済発展を遂げたアジア NIEs や ASEAN 諸国との比較のなかで再検証され得る。より具体的に言うと，最近年では「アジア市民社会」論が萌芽的に形成されつつあり，そこでは，欧米社会との対比は否定され，「脱亜論としてのアジア」が志向されてもいるからである（竹中，2008, p.31）。

　加えて，国家や市場と同様に，「社会」でも自由な個人が追求されてきたせいか，経済発展のなかでそれが消滅したのか，その理由は定かでないが，現在の日本「社会」には，孤独死や地方過疎など容易に救済しがたい現実がある。これらの諸問題を検討し，人々の連帯や社会的紐帯の新たな型を模索する上でも，新たな分析領域は，重要な役割を担い得る。(6)

(2)「生」を描くという目的でのもう1つの可能性

　加えて，国家や市場とは異なる，第3の分析領域を新たに設けることは，経済学内部でも有益な理論的協働へと導くような，次の2つの可能性を秘めてもいる。

　1つは，A. センの「潜在能力アプローチ」との対話である。(7) このアプローチは，途上国での人々が生きる上での権利の拡張を意図していることで知られているが，途上国に限らず，例えば，鈴村（2004）によっては，このアプローチに基づく「福祉国家」の経済システムを論理的に説明する応用も試みられている。

　もう1つは，政治参加，コミュニケーション，そしてボランティアなど，従来，非経済的な行為として見なされてきた行動も経済的に測定する，近年の幸福論的な経済アプローチとの対話である（Frey, 2008）。この種のアプローチによると，例えば，アクターの私的かつ親密な結び付きは，所得の3,500ポンド程度の上昇と同義の価値を有していると言う（Powdthavee, 2008, pp.87-88, 訳 pp.

118-119)。つまり，コミュニケーションや他者との結び付きといったモノ，それら自体が，経済的でもあることを検証しつつ，特に，人間らしさや人間らしい生活を考察するという目的・課題の下では，経済理論の間であっても対話の接点を持ち得る。あるいは，「市場」「国家」そして第3の領域を結び付ける包括的な概念として，「幸福」を想定するという方向性も見出せるかもしれない。

　以上のように，制度理論に，第3の分析領域を新たに配置し，その説明ロジックを構築することは，社会学をはじめとする近隣諸学問との学際的対話はもちろんのこと，経済理論それ自体の新たな展開や経済学内部での議論の深化にも繋がり得る。そしてこの意味で，本章での試みが，それらの具体化に向けた基礎的作業の1つになり得るなら，一応の議論は尽くしたと思われる。

〈注〉
（1）現代の経済理論は，1932年にL. ロビンズが『経済学の本質と意義』で，その対象が社会での稀少資源の合理的配分にあることを指摘して以来，「市場」空間でのアクター（人間，企業，家計など）の取引を，その主たる研究対象に据えている。この「市場」とは，(a) 諸個人の財交換（取引）が第三者たるオークショナー（価格シグナル）によって瞬時に達成され，(b) 取引に関わるすべての情報が完全に公開されている，(c) 取引の前提とされる所有権，特に私的所有権が完全に確立している，(d) 市場は普遍で自明，というこれら4つの前提で想定された，仮想空間である（North, 1990, pp.30-31, 訳 pp.40-42)。
（2）「ヨーロッパでは『個人』は，共同体の諸成員がその私的に獲得を交換しあう過程においてみずから形成したものである。私的な獲得すなわち私的所有と，同時にこれら不可避に発生する私的交換こそが，共同体的人間を個別化し，人間を『個人』として形成するのである。したがって『私的』所有と『個人』とは発生をともにしている」（平田，1969, p. 136）。
（3）例えば，平田（*ibid.*, pp.85-93）を参照。
（4）筆者は，新たな分析領域に，平田の「社会的文化的共同空間」を安直に挿入することを意図してはいない。なぜなら，新たな領域に，具体的に何を設定すべきかに関しては，精緻に検討する必要性があるからである。例えば，家族をめぐっては，思想史的には，G. W. F. ヘーゲルの，家族，市民社会，国家という分類に遡る。また，理論的には，例えば，福祉国家論のG. エスピン-アンデルセンの「脱商品化」といった議論を検証する必要性もある。
（5）他の制度理論で，比較制度分析には，ゲームのドメインとして，市場以外の領域でのプレーの結果をサブ・システムにおける均衡と見なす手法がある（Aoki, 2001 ; 青木 2014)。また，新制度学派のD. C. North（1990 ; 2005）は，文化や社会慣習も「インフォーマル」な制度と見なす幅広い社会への視野を有している。だが，これらは，例えば，制度内部でのアクターの位置づけやアクターの関係性のロジックをめぐって，レギュラシオン学派の

第4章　ディシプリンとしての経済学と制度アプローチの学際的可能性

認識，前提と異なる。それ故，贈与や儀礼といった社会学や文化人類学が分析対象とする行為に注目しその経済効果を測定する方策（糸川，2014）や，市場での「経済的交換」論に加え，非市場領域での「交換される財が人格と切り離しにくいこと」を特徴とする「社会的交換」論（八木，2010, p.627）を導入する方策を，本章では例示しておく。
(6) 篠田 (2010) は，北欧福祉国家では高い平等性，公平性を担保した勤労者社会が実現されている実態に注目し，そうした社会が実現するための基底や原動力として「市民社会」が重要な役割を担うことを，社会学者 A. ギデンズの「第三の道」や，政治学者 R. D. パットナム の「社会関係資本」論に触れつつ論じている。
(7) この試論の詳細については，江口 (2014) を参照。

〈参考文献〉
青木昌彦『青木昌彦の経済学入門——制度論の地平を拡げる』ちくま新書，2014年。
糸川誉史「互酬性と社会的交換理論」『文化学園大学紀要　人文・社会科学研究』第22号，pp.35-48，2014年。
植村邦彦『市民社会とは何か——基本概念の系譜』平凡社新書，2010年。
江口友朗「経済学における制度アプローチの1課題——制度の下でのアクターの持続的な異質性及び行為の多様性を説明するためのロジックについて」『立命館産業社会論集』第50巻第1号, pp.97-116，2014年。
篠田武司「スウェーデンにみる市民社会論」『経済研究』第25巻第3号，pp.551-792，2010年。
鈴村興太郎「センの潜在能力アプローチと福祉国家システムの構想」塩野谷祐一ほか編『福祉の公共哲学』東京大学出版会，2004年，pp.73-100。
竹中千春「アジアの市民社会」アジア政経学会監修／竹中千春ほか編著『現代アジア研究2　市民社会』慶應義塾大学出版会，2008年，pp. 9 -34。
田中拓道『貧困と共和国——社会的連帯の誕生』人文書院，2006年。
平田清明『市民社会と社会主義』岩波書店，1969年。
―――『市民社会とレギュラシオン』岩波書店，1993年。
―――『平田清明市民社会を生きる——その経験と思想』平田清明遺稿集編集委員会，晃洋書房，2007年。
平田清明・山田鋭夫・八木紀一郎編『現代市民社会の旋回』昭和堂，1987年。
宮川公男・大守隆編『ソーシャル・キャピタル——現代社会のガバナンスの基礎』東洋経済新報社，2004年。
八木紀一郎「経済的交換と社会的交換：制度経済学におけるミクロとマクロ」『経済研究』第25巻第3号，pp.625-658，2010年。
八木紀一郎・山田鋭夫・千賀重義・野沢敏治編著『復権する市民社会論：新しいソシエタル・パラダイム』日本評論社，1998年。
山田鋭夫『レギュラシオン・アプローチ——21世紀の経済学』藤原書店，1991年。
―――『20世紀資本主義——レギュラシオンで読む』有斐閣，1994年。
―――「レギュラシオンと市民社会」『経済科学』第52巻第4号，pp. 1 -16，2005年。
Aglietta, M., *Régulation et crises du capitalisme: L'expérience des Etats-Unis*, Calmann-Lévy, 1976.（若森章孝ほか訳『資本主義のレギュラシオン理論——政治経済学の革新』大村書店，

1989 年)。
Aoki, M., *Towards a Comparative Institutional Analysis*, MIT Press, 2001.（瀧澤弘和・谷口和弘訳『比較制度分析に向けて』NTT 出版，2001 年)。
Boyer, R., *La théorie de la régulation: Une analyse critique*, La Découverte, 1986.（山田鋭夫訳『レギュラシオン理論：危機に挑む経済学』藤原書店，1990 年)。
―――, "L'anthropologie économique de Pierre Bourdieu", *Actes de la recherche en sciences sociales*, no.150, pp.65-78, 2003a.
―――, "Les institution das la théorie de la régulation", *CEPREMAP*, no.2003-08, 2003b.
―――, "Pierre Bourdieu analyste du changement?: Une lecture à la lumière de la théorie de la régulation", CEPREMAP, no.0401, 2004.（山田鋭夫訳『資本主義 VS 資本主義――制度・変容・多様性』藤原書店，2005 年)。
Boyer, R. and Saillard, Y., *Théorie de la régulation: L'état des savoir*s, La Découverte, 1995. (Translated by Shread, C., *Régulation Theory: The State of the Art*, Routledge, 2002；井上泰夫抄訳『現代「経済学」批判宣言――制度と歴史の経済学のために』藤原書店，1996 年)。
Frey, B. S., *Happiness: Revolution in Economics*, MIT press, 2008.（白石小百合訳『幸福度をはかる経済学』NTT 出版，2012 年)。
Hollingsworth, J. and Boyer, R. (eds.) *Contemporary Capitalism: The Embeddedness of Institutions*, Cambridge University Press, 1997.（長尾伸一・長岡延孝編監訳『制度の政治経済学』木鐸社，2000 年)。
Lipietz, A., *Pour le tires secteur: L'économie sociale et solidaire: pourquoi et comment*, La Découverte, 2001.（井上泰夫訳『サードセクター――「新しい公共」と「新しい経済」』藤原書店，2011 年)。
―――, *Green Deal: La crise du libéral- productivisme et la réponse écologiste*, La Découverte, 2012.（井上泰夫訳『グリーンディール――自由主義的生産性至上主義の危機とエコロジストの解答』藤原書店，2014 年)。
North, D. C., *Institutions, Institutional Change and Economic Performance*, Cambridge University Press, 1990.（竹下公規訳『制度・制度変化・経済成果』晃洋書房，1994 年)。
―――, *Understanding the Process of Economic Change*, Princeton University Press, 2005.
Powdthavee, N., *The Happiness Equation*, Adams Media, 2008.（阿部直子訳『幸福の計算式――結婚初年度の値段は 2500 万円!?』阪急コミュニケーションズ，2012 年)。
Yamada, T., "Hirata Kiyoaki and His Thoughts on Civil Society", *The History of Economic Thought*, vol. 56, number. 1, pp. 1 -20, 2014.

（江口友朗）

第5章
空間，文化，運動
――カルチュラル・スタディーズと空間の社会理論のために――

　現代社会理論において「文化」は常に取り上げられるものである。それは本章で考察する「空間」を中心とした社会理論においてもそうである。

　ここで文化とはどのように捉えられるのか。本章では，このことを英語圏のカルチュラル・スタディーズの議論から考察し，そこで「空間」という契機を捉えていきたい。そして，カルチュラル・スタディーズにおける文化と社会との諸関係と「空間」の社会理論についての議論を架橋するために，理論的な問題をルイ・アルチュセールの議論から取り上げる。続いて「空間」の社会理論として，アンリ・ルフェーヴルの「空間」の問題圏を中心としながら分析し，特にルフェーヴルの『空間の生産』を中心とした「空間」の社会理論から「空間」の諸問題を考察する。そしてケーススタディーとして，「空間」を舞台とした「文化」がどのようにして捉えることができるのかということを，戦後日本の文化運動の事例から「東京フォーク・ゲリラ」へと連なる1960年代後半のフォーク・ソングの動きによって見ていきたい。

第1節　カルチュラル・スタディーズから空間の社会理論へ

　カルチュラル・スタディーズの問題圏として，複合的な社会と「文化」の関係が挙げられるだろう。その理論的な含意を「構造」と「空間」から考えていきたい。

(1) カルチュラル・スタディーズにおける「構造」

　カルチュラル・スタディーズの問題圏の1つは，資本主義についての分析を「文化」の領域において展開させて考察するということであるだろう[1]。例えばカルチュラル・スタディーズのフロントであった，スチュアート・ホールはマルクスの資本主義分析（『経済学批判要綱』や『資本論』）を応用しながら文化やメディアの問題を考えている（例えば Hall, 1980 など）。それを，ルイ・アルチュセールを中心とした構造主義の議論に言及することから考察しているのである。アルチュセールによれば，「全社会の構造」は単一な中心が想定される「全体性」というよりも，それを構造化された全体である「複合的な全体 tout complexe」，あるいは「社会的全体 tout social」として捉えられると言う（Althusser, (1965=1996, pp.198ff, 訳 p.332 以下）(1995, p.275, 訳 p.176)　Althusser, et al, 1965）。この「複合的全体」では社会編成は「重層的決定」され，「生産様式による最終審級における決定」と「上部構造の相対的自律性とその独自の有効性」があるということである（Althusser 1965=1996, p.111, 訳 p.182）[2]。

　そしてホールは，1985 年の論文（"Signification, Representation, Ideology: Althusser and the Post Structuralist Debate"）のなかで，「私にとってアルチュセールは独特な方法で「差異」を考えさせることを可能にした」（Hall, 1985, p.92）と述べ，それは例えば「複合的な統一体における差異」というような，つまりは「複合的全体」というような状況を考察するためにアルチュセールを読解していたのであった（Hall, 1985, p.93）。またホールは，「私は［アルチュセールの］『矛盾』と『重層的決定』はとても豊かな理論的概念であると考える」（Hall, 1985, p.94）というようにアルチュセールを評価している。これが文化と社会の問題を考える上で重要になっている[3]。

　そして，ホールは「エンコーディング／デコーディング」（"Encoding/decoding"）において，メッセージをイデオロギーの「相対的自律性」という観点から分析している。この論文は最初，マルクスの『経済学批判要綱』と『資本論』における「生産—再生産のサーキット」が，マス・コミュニケーションのプロセスにも見られるというところから始められているのである（Hall, 1980, p.

128)。このように,資本主義の分析は文化やメディア諸問題に応用されているのである。そして,ホールを中心としたカルチュラル・スタディーズの方法論では,「複合的全体」としての社会における「相対的な自律」や「重層的決定」あるいは「差異」という概念が用いられている。つまりこのように,カルチュラル・スタディーズにおけるアルチュセールの議論は,1980年代のホールによる文化研究における問題の1つとしてあったのである。それは社会を構造化された「複合的全体」として捉える視点であり,そしてその内部での「矛盾 contradiction」や「差異 differences」の契機について分析されているのである。

このようなアルチュセールの議論は,文化研究においても大きな影響力を与えている。例えば,英国の文化研究の文脈でホールによって文化主義とも言われているレイモンド・ウィリアムズは(Hall, 1986),文化をヘゲモニックな「支配的」なもの,「残余的」なもの「創発的」なものに分類し,複合的な社会における文化変動について言及している。しかし,そのウィリアムズでさえ『マルクス主義と文学(Marxism and Literature)』において,アルチュセールによって導入された「重層的決定」が「歴史的に生きられた経験と実践の本当の複雑性を理解するのに有用である」(Williams, 1978, p.88)というように,社会編成のなかでの人々の生きられた経験をそこから捉えているのである。このようにアルチュセールは,ウィリアムズによっても言及されるほどに影響力があったと考えられる。

(2)「構造」から空間の社会理論へ

そして,ここで注目したいのは,アルチュセールにおける構造主義的な分析による「空間」の契機は,最近の空間の社会理論においても言及されているということである。あるいはまた,アルチュセールは「矛盾と重層的決定」(Althusser, 1965=1969)において,ロシア革命という「もっとも弱い環<<maillon le plus faible>>」(Althusser, 1965=1996, p.92, 訳 p.156)による社会変動について述べていたことも指摘しておきたい。つまり,アルチュセールの分析においても,ここではロシアという地理的な「空間」的含意が認められるということである。

そして「空間」は，アルチュセールの構造主義以降の社会編成の議論と共にカルチュラル・スタディーズの分析においても応用されていく。もちろん，これから考察するアンリ・ルフェーヴルは，アルチュセールに対してその理論やマルクスの解釈などについての批判もあるのだが，本章ではむしろ「構造主義」における「空間」の展開がルフェーヴルと共に「空間」の社会理論において影響を与えてきたということからも，それぞれの議論の利点を併せて考えていきたい。

つまり，ここでは「空間」の問題を，まずは構造化された「複合的全体」における「重層的決定」されたものとして捉え，そして「社会空間」の問題から捉えることで，「空間」における「差異」の運動としての人々の行為を理論的に捉えることができるのである。それは「都市空間」における文化と運動を考えるときの諸理論を接合する契機ともなるものであろう。

そして，カルチュラル・スタディーズにおけるオーディエンスの能動性の議論のように，「差異」と「空間」は言及され応用される課題の1つでもあった。ここで含意されていたことは，社会や文化をある構造として捉え，その領域から「矛盾」や「差異」の契機を見ていくことであったと考えられるだろう。それが「能動的」な行為者像であろう。そして，これを「空間」へ展開したジョン・フィスクは，構造主義からポスト構造主義の理論と共にミシェル・ド・セルトーの議論を取り上げて，「ショッピング・モール」における人々の実践について考察している。ここでフィスクはセルトーの議論を用いながら，ショッピング・モールにおけるウィンドウ・ショッピングという若者たちの行為を「商品のかわりにイメージや空間を消費し，これは利益を創造するのではないある種の感覚的な消費である」(Fiske, 1991, pp.16-17, 訳 p.31)という実践と捉え，そのことによって「空間」を別の場に変えていくものと考えた。このように，フィスクのようなカルチュラル・スタディーズの展開においては「空間」的なものが分析においてクローズアップされていたのである。

(3) 空間論への展開

　空間論の展開のなかで,現代の社会理論では「空間」という概念を手がかりに社会や文化を分析する議論が見られるようになった。これは,文化や社会の変動へのアプローチというかたちで現れている。例えば,これからケーススタディーの分析においても言及するアルジュン・アパデュライは,グローバライゼーションにおける文化のフローの諸問題を「スケープ」概念を提唱しながら分析している。アパデュライは,「スケープ」を「エスノスケープ」「メディアスケープ」「テクノスケープ」「ファイナンススケープ」「イデオスケープ」の5つから捉え（Appadurai, 1996, p.33ff, 訳 p.69 以下),そこからグローバル化における文化の問題を考えているのである。

　そして,カナダのカルチュラル・スタディーズの研究者,ジョディー・バーランドもグローバル化における文化の諸問題を考察するために,アントニオ・ネグリ,マイケル・ハートがジル・ドゥルーズとフェリックス・ガタリの「脱領域化」と「再領域化」を取り上げているところに注目していた。また,ネグリとハートによる「マルチチュード」という概念は,社会空間において運動する人々がどのように活動を行うのかということについてのものでもあるだろう。ネグリとハートは,「マルチチュード」について,「人民,大衆,労働者階級」とは区別されるものとしての「単一の同一性には決して縮減できない無数の内的差異」として構成される「多数多様性」であると定義している（Negri and Hardt, 2004, pp.xiii-xiv, 訳〔上巻〕pp.19-20)。

　また,『マルチチュード』においてネグリとハートは,インターネットの分散型ネットワークはマルチチュードにとっての初期のイメージ,モデルになると述べている（ibid., p.xv, 訳 p.21)。ネグリらは,マルチチュードを「ネットワーク」として捉えており,この「ネットワーク」というのも空間的なメタファーであると考えられるだろう。そして,ここでは「ネットワーク」ということによって運動が固定化されないということが含意されているのである。[11]
ネットワークは常に可変的であり,これが公共的な空間において展開されると,それは公共空間という場所を一時的に領有しながら活動を行うということ,そ

の参加者は可変的であると捉えられるだろう。そして、空間における実践としての「マルチチュード」の活動は、デヴィッド・ハーヴェイも指摘するように都市空間においても見られるものなのである。⁽¹²⁾

第2節　空間の社会理論

　本節では、文化における諸問題について考えるために「空間」という領域について考察していく。そのために、「空間」を考えるときに言及されている社会学者、アンリ・ルフェーヴルの「社会空間」論と「公共圏」という「空間」的な領域との接点について取り上げる。

(1) ルフェーヴルと「空間」の問題

　ルフェーヴルの「社会空間」論は、地理学のみならず都市研究の社会学においても取り上げられている。ルフェーヴルは『都市への権利』(Lefebvre, 1968=2009) や、『空間と政治』(Lefebvre, 1972=2000)、『都市革命』(Lefebvre, 1970=1974) といった彼の都市の社会学的研究において、資本主義の問題でもあるポスト産業社会における都市空間の問題について研究を進めていた。それは、ルフェーヴル本人や地理学者のニール・スミスが『都市革命』の英訳の序文において述べているように、『空間の生産』を先駆けるものとして捉えられるであろう (Smith, 2003, p.vii)。そして、ルフェーヴルは1974年に『空間の生産』を著すことで、そこで空間の社会理論として「空間」が資本主義の生産関係の再生産の領域であるとの観点から「社会空間」を提起したのである (Lefebvre, 1974=2000)。⁽¹³⁾

　ルフェーヴルは『空間の生産』において、「社会空間」を「社会的生産物である」(p.35, 訳p.66) と定義している。これは、「空間」が社会的に生産され実践されるということを捉えたものである。ルフェーヴルによれば、「空間」は物理学の空間や心的な空間とは区別されながら固有の現実となる。「社会空間」とはそこで様々な事柄、つまり経済的な領域である生産諸力、構造、上部構造

110

や，身体，映像，記号，言説，象徴などの領域までもが「生産」され「実践」される領域であるということである。そして「空間の生産」によって，経済，政治，国家から人々の日常生活の実践の場までもが空間によって生産されるということである（pp.7ff, 訳 p.35 以下）。このように，ルフェーヴルの「社会空間」論は，およそ社会における様々な契機を包括して分析することのできる概念装置なのである。

また，地理学者のデレク・グレゴリーは，ルフェーヴルの空間論から，空間を「抽象的空間 Abstract space」と「具体的空間 Concrete space」に分類し，「抽象的空間」が「経済」や「国家」の領域であり「具体的空間」が日常生活の場であると言う（Gregory, 1993, pp.401-402）。あるいは，バーランドもルフェーヴルの空間論を援用してメディアを分析し，それがイデオロギー的，経済的，美学的に錯綜する「社会空間」のなかで存在すると言う。そして，「社会空間」における「文化的な生産 cultural production」を，「空間の構成 the constitution of space」という観点から考察しているのである（Berland, 2008）。このように「空間」は文化において様々なエージェントが作用する領域として存在するのである。

(2) 社会空間

ルフェーヴルは『空間の生産』のなかで，「空間的実践」「空間の表象」「表象の空間」という概念から，空間とその諸関係について考察している。以下にそれぞれについて見ていこう。

「空間的実践」とは，「生産と再生産を，そしてそれぞれの社会構成体を特徴づける特定の場所と空間配置をふくんでいる」（p.40, 訳 p.75）とされ，これは，聴覚から視覚が優位となる近代社会における「知覚されるもの」「知覚された空間」（p.48, 訳 p.82）とも言われている。

「空間の表象」は「思考されるもの」（p.48, 訳 p.82）であり，それは，科学

者や社会・経済計画の立案者の空間である（p.48, 訳 p.82）。

「表象の空間」は「生きられるもの」として，「住民」，「ユーザー」あるいは「芸術家」，「作家」，「哲学者」などそこに住む人々の空間であるといわれている（p.49, 訳 p.83）。

これら3つは「(相対的な) 自律化 autonomisation (relative)」により「新しい諸矛盾をもたらす」（p.49, 訳 p.83）と言われ，「知覚されるもの」「思考されるもの」「生きられるもの」は弁証法的関係にあるということである（p.49, 訳 p.83）。[14]

この「社会空間」概念は，社会学や現代文化研究においても議論されている（Berland, 2008 ; Shields, 1999 など）。その1つとして，ここでは「空間」の問題を「公共圏 Public Sphere」[15]から考えてみたい。社会哲学者，ユルゲン・ハーバーマスによって理論的輪郭が与えられた「公共圏」は，「市民的公共圏」すなわち「ブルジョワ公共圏」であるという批判はすでにナンシー・フレイザーによってもなされている[16]。しかしハーバーマスは『公共性の構造転換』の1990年版の序文において，市民的公共圏に限られないサブカルチャーや階級に特有の公共圏についてその存在を認めていた（Habermas, 1962=1990）。またその後，ハーバーマスは『事実性と妥当性』の「市民社会および政治的公共圏の役割」（Habermas, 1992=2003）において，メディアや教会などを「公共圏」の領域として分析している。このようなハーバーマスによる公共圏概念は，次に見るように「空間」とも接合されていくのである。

(3) 公共圏と空間

ドン・ミッチェルはルフェーヴルの「表象の空間」と「空間の表象」から，公共空間の問題について考察する。ミッチェルによれば，裁判所広場や記念広場といった公共の空間は「空間の表象」に由来しているということである。しかし，それは人々が利用することによって「表象の空間」にもなり得るという

第5章　空間，文化，運動

ことである (Mitchell, 1995, p.115, 訳 p.94)。

また，ミッチェルは同論文でハーバーマスの「公共圏」について以下のように述べている。

　ハーバーマス（1989）[Habermas（1962）の英訳版]が理論化した公共圏の概念は規範的である。というのは，あらゆる組織方法の社会構成体が，社会の中の権力構造へ通じる道を発見する可能性があるのは，この領域の中であるからである(17) (Mitchell, 1995, p.116, 訳 p.95 [　] は引用者)。

つまり，ミッチェルはここでハーバーマスの「公共圏」は「規範的」なものであるのだが，「公共圏の一部としての空間は，一般大衆のあらゆるメンバーの社会的相互交流と政治活動が生じる物的な場所である」(Mitchell, 1995, p.116, 訳 p.95) という指摘を行っているのである。そして，ミッチェルは「公共圏」を「空間」的で具体的な場所の含意によって分析しており，このことは本論においても示唆的である。

また，ルフェーヴルの言う「表象の空間」の位相にも注目してみよう。「表象の空間」は，「住民」や「ユーザー」，作家や芸術家，哲学者などの空間であるということであり，これは「人々」による活動の領域であると捉えられるだろう。以下に考察するケーススタディーは，「表象の空間」における芸術家，哲学者，あるいは日常生活を生きる普通の人々などの活動であると捉えることもできるだろうし，その場所となるのが，例えばこれから取り上げる「教会」というようなハーバーマスも言及していた「公共圏」における運動であったとも考えられるであろう。

次に，これまでの「文化」と「空間」の問題，そして「都市空間」における「矛盾」の契機を戦後日本の文化と社会運動から考えたい。

第3節　都市と空間における文化，実践，運動

　本節ではこれまでの議論を受けながら，以下の考察において空間との関わりにおける文化と運動についての応用を試みたい。ここでは，空間と実践の問題について，戦後日本における文化と社会運動を事例として考えてみたい。これは，その空間に参加した行為者，あるいはオーディエンスとしての人々がどのようにリアクションをするのかという，現在においても続くテーマを文化の歴史的な課題として考察するものである。
　ここでは，1960年代日本の「フォーク・ソング運動」とその関連する出来事から考えていこう。以下に考察するような，人々が路上に出て運動を行うことは，最近ではハーヴェイが言及しているような2011年のウォールストリート占拠などにも顕著に見られるものである。そしてハーヴェイは，ここで「まさに重要なことは，ツイッターやフェイスブック上におけるつぶやきのバブルではなく，ストリートや広場における生身の身体である」との指摘を行っている（Harvey, 2012, p.162, 訳 p.263）。つまり，ここでは路上における人々の行動が重要なのである。
　このような路上における運動は，例えば戦後の日本に限ってもいくつかの事例がある。60年代のフォーク運動の特殊性というのは，新宿駅西口という都市空間をめぐってそこが「通路」なのか「広場」なのかというような議論が行われていたり，フォーク・ギターによる音楽の演奏が行われていたりと，それがポピュラーカルチャーの問題としても現代においても語られる事例なのである。そしてまた，音楽を使用する文化・社会運動の事例は，2000年代以降の現在においても見られるのである。
　以下で考察するように「フォーク・ソング運動」とは，新宿西口で集った多数者という現象だけではなく，「フォークとは何か」や都市空間を捉える言説や思想，「うた」や「レコード」，媒体などが複合的に絡まりながら生成された運動だったのである。

第5章　空間，文化，運動

(1) フォーク・ソング運動の展開

フォーク・ソング運動とは何か。

まず，ここで資料として分析するのは，日本で初のインディペンデントなレコードレーベルであるとも言われているURC（アンダーグラウンド・レコード・クラブ）が広報誌として出版していた『うたうたうた フォーク・リポート』という雑誌である（図1）。この雑誌は，基本的には書店では発売されず（例外もある）レコード店で販売されていたので，

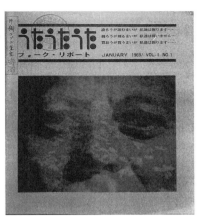

図1　フォーク・リポート1969年1月創刊号

そのためか国立国会図書館にも所蔵がない。しかし，当時のポピュラーカルチャーと文化運動を捉えるときに貴重な資料となっている。

私たちは「フォーク・ソング」というと，ニューミュージックへ引き継がれるレコード歌手を想定しがちであるのだが，『フォーク・リポート』をはじめ複数の媒体においては「フォーク・ソング」を「運動」として捉える動きがあったのである。(18)つまり，URCレコードは「フォーク・ソング運動」を定義づけるときに取り上げられる「関西フォーク」という領域と音源を，レコードやそれに関連する小冊子などの媒体によって表象していたのである。そして，「フォーク・ソング運動」は「反戦フォーク」としてベトナム戦争への反対運動としての「ベ平連（ベトナムに平和を！　市民連合）」，あるいは「東京フォーク・ゲリラ」とも共振しながら展開していたのである。

(2)「うたうたうた フォーク・リポート」「フォーク・キャンプ」「フォーク・スクール」

『うたうたうた フォーク・リポート』から「フォーク・ソング運動」について考えていこう。この雑誌は1969年1月に創刊される。そして，1973年まで刊行されていた。創刊号には，その後，『ニューミュージック・マガジン』を

創刊する中村とうよう,評論家の小倉エージなどが執筆を行っていた。

『フォーク・リポート』創刊号では,「フォークソング運動をすすめよう」という記事が見られる。あるいは,1969年4・5月号の池淵博之「フォーク・ソング運動の問題点」という寄稿,または1969年11月号の特集「われわれのフォーク運動をどう進めるか」にもあるように,ここではフォーク・ソングの活動を「運動」として捉える流れがあることが確認できるのである。例えば,「われわれのフォーク運動をどう進めるか」には「日本にフォークソングが根づいて以来,70年を前に新しいエネルギーを得ようとしている」という説明が付記されている。このような「運動」としてのフォーク・ソングを捉えているところは,同時期にフォーク・ソングを中心とした紙面づくりをしていた雑誌『新譜ジャーナル』とは異なる点である。

そして,ここで「運動」とは,狭義には「フォーク・キャンプ」と呼ばれるフォーク集会のことであることがわかる(19)。関西でフォーク・ソング運動を理論面で主導した大学教員で批評家の片桐ユズルは,「フォーク・キャンプ」に合わせてミニコミ「かわら版」を発行している。

「フォーク・キャンプ」が開催される前史として,片桐は大阪森小路教会の村田拓が高石友也を支援しながら教会で反戦集会を開いていたことを挙げている。そして,1968年の1月から森小路教会では「フォーク・スクール」が開かれる。片桐は,『思想の科学』1968年9月号に掲載された「フォーク学校の構想」(片桐,1968)において,「フォーク・ソング」の運動を「学校」という空間において展開することを構想していた。この学校とは大阪にあった民間の「文学学校」のような場所が想定されており,そこでは,

> 生徒は週二回きて,いろいろなひとが,いろいろなレクチャーをするし,実習といって作品を発表して批評しあったりする,そういうことを半年ぐらいすると,いちおう卒業する(片桐,1968, p.36)。

というようなプランが述べられていた。

第 5 章 空間，文化，運動

図2　かわら版 1967 年 7 月創刊号

　ここで舞台となった教会は，ハーバーマスが「市民社会および政治的公共圏の役割」において，メディアと共に「公共圏」に「教会」を取り上げていた (Habermas, 1992=2003) ように，社会空間として存在していると考えられる。そして教会においては，うたが歌われることだけではなかったのである。つまり，ここで「スクール」ということによって，フォーク・ソングを通じてある種の学びの空間も編成されていたのである。これは，フォーク・ソングによって多数であり多様である様々なエージェントが教会や雑誌を通じてつながり，それが「運動」と呼べる総体を形成していたと考えられるだろう。

(3)「かわら版」「東京フォーク・ゲリラ」「うた」

　次に取り上げるのが，「かわら版」というミニコミである（図2）。「かわら版」は片桐ユズルが，はっぴいえんどのディレクターから評論家となる小倉エージ，フォーク歌手の中川五郎と始めたものであった。「かわら版」は 1967 年 7 月から 1972 年までが 1 つの流れを形成していた。小倉エージが，「関西フォーク」について回想したエッセイのなかで「かわら版」について言及して

いるように（小倉, 2015），ここでは関西の「フォーク・ソング運動」関係の資料として取り上げる。

以下では，「かわら版」という媒体によって「うた」がどのように言説のなかに編成されていくのかについて見ていきたい。

①「うた」が複数の領域を交差しながら生成する状況

「うた」が言説としてどのように生産されていくのかについて，中川五郎の「受験生ブルース」についての事例を見ていこう。中川は，高校時代に受験勉強の悲しみを歌った曲を作る。それが「受験生ブルース」である。

中川の「受験生ブルース」は，もともとは替え歌であった。これは，まずは歌手の真崎義博によってボブ・ディランの「ノース・カントリー・ブルース」の歌詞を翻訳した「炭坑町のブルース」があり，それを中川五郎が「受験生ブルース」としてディランのメロディーに乗せて歌にしたのである。これは，歌詞をそのままに高石友也によって作曲されたものが，1968年2月にビクターからシングルレコードとして発表された。

そして，この曲が最初に媒体に載るのがミニコミの「かわら版」であった。この「うた」は，同じ号の「かわら版」に真崎の「炭坑町のブルース」の歌詞の次に掲載されていた。この「炭坑町のブルース」という歌詞はボブ・ディランを翻訳したものであったが，それから「受験生ブルース」として歌われ，その後に新宿西口で東京フォーク・ゲリラによって歌われた「機動隊のブルース」へと替え歌にされ歌い継がれてゆくことになるのである。[20]

「受験生ブルース」は高石友也がレコーディングすることによってメジャーレーベルから発売されるのだが，中川作詞・高石作曲とクレジットされた「受験生ブルース」の歌詞とコード譜が掲載されるのが，1968年2月号の「かわら版」である。URCの広報誌「うたうたうた フォーク・リポート」が創刊されるのは1969年1月であり，「かわら版」はそれまでの間，のちにURCでレコーディングされる曲の歌詞やコード譜が掲載されていたのである。また「かわら版」は，「フォーク・リポート」わいせつ裁判においても常にその動向をフォローしていた。[21] つまり，「かわら版」は「フォーク・リポート」に先行し

第5章　空間，文化，運動

ながら，ある部分ではそれを補完する媒体であったと考えられるのである。

②「東京フォーク・ゲリラ」「スケープ」，空間編成

このようなミニコミやレコードなどのネットワークのなかで，様々なエージェントや行為者が絡まり合いながら「うた」が誕生し生成していくのである。そして，「うた」は東京新宿駅西口の反戦集会において，「東京フォーク・ゲリラ」によって「機動隊のブルース」として替え歌にして歌われることになるのであった。

「東京フォーク・ゲリラ」は，1969年2月頃から新宿駅西口で行われていた反戦デモにおいてフォーク・ギターによってうたを歌っていた人々のことを指す。デモでは反戦フォーク・ソングを歌い，それを聴く人々，あるいは新宿駅を通りかかった人たちも多様である多数者としてオーディエンスとなった。そして，「東京フォーク・ゲリラ」は，フォーク・ソングによって空間を参加者が領有するという「運動」によって都市空間における構造の「矛盾」を明らかにしたのである。

このような都市空間における「矛盾」は，2000年代以降に音楽を使用しながら行われるデモにも見られるものである。例えば「サウンド・デモ」のような路上の集会に音楽を使用する運動がそれである。「サウンド・デモ」とは日本においては，2003年にイラク反戦を掲げて始められたものであり，二木信によれば，それは「音楽・アート関係者らによって結成されたASC（Against Street Control）」に端を発し，「徐々に，さまざまなジャンルの人たち――ミュージシャン，デザイナー，DJ，ライター，アクティヴィスト，アナーキスト，学者，学生，フリーター，etc……――によって構成されていく」ということである（二木，2008, p.184）。

もちろん，2000年代以降の「サウンド・デモ」は，車の荷台にサウンドシステムを持ち込んで音楽を流したりDJがプレイしたりするということである。これは，現代の「サウンド・デモ」が音楽を使用するによって「空間」を強調している活動であることを考えると，そこには「東京フォーク・ゲリラ」とも共通する要素があるだろう。都市がある種の表現の空間として立ち上がってい

るということである。あるいはまた，都市空間のなかにおいて多数の人々が集うデモの空間性は，ネグリらの「マルチチュード」という「多数多様性」を捉える視座としても示唆的であると思われる。

そして都市空間の問題は，評論家の室謙二が「東京フォーク・ゲリラ」について書いた本のなかで行なった，新宿駅西口という空間は「通路」なのか，それとも「広場」なのか，というような問題提起からも浮かび上がってくるのである（室，1969）。それは，『フォークゲリラとは何者か』（吉岡編 1971）においても，

　「広場は，こういうわたしたちフォーク・ゲリラのふだんの試みのうちに，つくりあげられていくものなのでしょう」（吉岡，1971, p.12）。

と述べられ，新宿西口が「広場」であり，そこでは人々の活動が自由に行われるものであるということが確認されている（吉岡，1971）。

「うた」や「サウンド」は声や音を構成要素としている。それは，ルフェーヴルからミッチェルの議論のなかで，「空間の表象」に由来しながら人々が使用することによって「表象の空間」ともなる「公共圏」としての「空間」の問題なのである。「うた」とそこに意義を見出す参加者たちの「運動」によって，「公共圏」としての都市空間が浮かび上がり「広場」と認識されることで，新宿西口という空間の意味が変容したのである。

そして「うた」が使用されると，それは思想としても生成する。「うた」が思想としてどのように活動に接合されているのかという軌跡を知るには，複数の媒体のネットワークが関連しているのである。ここで取り上げたいのが，先ほど言及したアパデュライの言う「スケープ」という「空間」概念による複数の領域の交差についての分析である。これは，例えばこれまで考察してきた「フォーク・ソング運動」を複合的な運動体として考えたときに，そこに表象されるのが「うた」であったり「ミニコミ」「雑誌」「音源」，またレコードというメディアやテクノロジー，そして「うた」に含まれる「民主主義」を求め

る「思想」「イデオロギー」というような言説の「スケープ」として空間に編成されるのである。そして,「うた」が新たな意味に接合されることによって,そこで意味の転換が行われるのである。[24]

第4節　カルチュラル・スタディーズと空間の社会理論のために

　以上のように,本章の課題は,空間的な領域と文化の諸問題とを社会理論から考察することであった。ここでは,空間の社会理論と構造化された全体としての社会が「空間」としての含意があるものとして,カルチュラル・スタディーズの理論的前提との節合についても考えてきた。
　これまで議論されていたことは,現代社会における諸問題を空間と文化から捉えるということであり,われわれは両者を様々な議論を交差させながら論じてきた。本章で考察した「空間」は,その「矛盾」や「重層的決定」により構造化された領域として,あるいは「都市空間」においては人々が活動する場所としての問題を提起している(「公共圏」や「広場」)。また事例で取り上げた「フォーク・ソング運動」は,歌詞や思想が伝達される「媒体」とも関係する複合的な状況のなかで「運動」が生成する過程でもあった。これは,平和や民主主義を歌うことによる,その思想的,文化的前提としての「うた」をめぐる「スケープ」の問題でもあった。そして,「東京フォーク・ゲリラ」が新宿西口において空間を領有しながら「うた」と「運動」の空間をどのように生成させていたのかということの探求は,現在の文化運動においても続く試みの解明になると考えられるのである。

〈付記〉
　本稿には議論の必要上,粟谷(2008 ; 2016近刊)の記述から一部を改稿の上,要約しているところがある。それらは,空間と社会理論の観点により,新たな議論に展開されている。

〈注〉

（1）デヴィッド・ハーヴェイは，ルフェーヴルの『都市への権利』を考察する上で，資本主義とアーバナイゼーションとの「内的結びつき inner connection が生じる」（Harvey, 2012, p.5, 訳 p.29）と述べている。都市空間は資本主義の諸問題が現れる場所でもあるのだが，資本主義の分析は都市空間の分析にも応用されるということである。このことについて，ハーヴェイは次のように述べている。
　「資本主義は都市空間の形成に必要とされる剰余価値を生産しなければならい。このことが意味するのは，資本主義は，都市空間の形成に必要とされる剰余価値を永続的に生産するということである。逆の関係もあてはまる。資本主義はそれが永続的に生み出す剰余生産物を吸収するような都市空間の形成を必要とするということである」（*ibid*, p.5, 訳 p.28）。
（2）傍点は原著イタリック。アルチュセールとエルネスト・ラクラウらによる批判については，粟谷（2008）も参照。
（3）アルチュセールによって言及されるイデオロギーの「相対的自律性」は，ホールの「エンコーディング／デコーディング」においては，コミュニケーションにおいてメッセージやコードなどがやりとりされる「エンコーディング」と「デコーディング」の契機の分析のなかで，「相対的な自律 relatively autonomous」「相対的自律性 the relative autonomy」というように使用されている（Hall, 1980, p.129, p.131, p.136）。例えば，次の箇所。『『エンコーディング』と『デコーディング』の諸契機は，全体としてのコミュニケーションのプロセスとの関係では『相対的に自律している 'relatively autonomous'』だけなのだが，決定的な諸契機である」（Hall, 1980, p.129）。
（4）（Williams, 1978, pp.121-122, Williams, 1995, p.204. 訳 1985, pp.260-261）
（5）カルチュラル・スタディーズにおけるウィリアムズらの「文化主義」の潮流と「構造主義」については，2つのパラダイムとも言われている。ブリティッシュ・カルチュラル・スタディーズにおけるアルチュセールと文化主義については，（Hall, 1986）。
（6）アルチュセールにおける「空間」の契機はドリーン・マッシーにおいても指摘されている（Massey, 2005）。
（7）例えば，Shields（1999），平田（2011）。
（8）例えば，Massey（2005），Stanck（2011）も参照。
（9）これは「アクティブ・オーディエンス理論」とも言われる。「アクティブ・オーディエンス理論」については，例えば，松野（2005）に指摘がある。
（10）例えば，カルチュラル・スタディーズにおける「地勢的転回 'Topographical Turn'」については，Weigel（2009）。
（11）ネグリらの議論については，水嶋（2014）も参照。
（12）ハーヴェイは，ネグリ＝ハートの「マルチチュード」や「共」の議論を都市空間における問題からも見出せることを指摘している（ハーヴェイ，2013）。
（13）以下のルフェーヴル『空間の生産』からの引用は，原書と訳書の頁数を示す。
（14）このように，「空間」は「知覚されるもの」という近現代社会における視覚文化の問題や，「思考されるもの」としての計画の問題，あるいは「表象の空間」における「ユーザー」のように社会を空間的な領域としてあらわれるのである。「ユーザー」については，（粟谷，2008）。視覚の問題については，カナダのメディア学者，マーシャル・マクルーハンの議論についての粟谷（2015）も参照。
（15）Öffentlichkeit は『公共性の構造転換』の邦訳においては「公共性」と訳されている。し

かし英訳においては Public Sphere と訳されており，その空間性が強調されている。花田（1996）を参照。
(16) 例えばナンシー・フレイザーは，「公共圏」に参加できるのはブルジョワに限られた「自由主義的なブルジョワ的公共圏モデル」であり，それ故ハーバーマスはそれに代わる「新しいポスト・ブルジョワ的な公共圏モデル」を展開しなかったと言う（Fraser, 1999）。しかし，「公共圏」については，ハーバーマスはその後に概念の適用範囲をメディアや宗教，教会などに広げている。
(17) 訳文は原文を参照の上，変更しているところがある。
(18) 詳しくは，粟谷（2015）。
(19) 「フォーク・キャンプ」の模様は音源化されている。例えば，『1969 京都フォーク・キャンプ』EMI, など。
(20) フォーク・ソングと替え歌については，粟谷（2016 近刊）を参照。
(21) この辺りについては，粟谷（2015）を参照。
(22) 毛利嘉孝は，イギリスにおけるノッティングヒルの暴動におけるサウンドシステムを用いたデモを取り上げている（毛利, 2003）。
(23) 音楽とアート，反戦運動については DeMusik Inter（2005），野田・三田・水越・吉住・工藤（2003）なども参照。
(24) カルチュラル・スタディーズによって展開されているアーティキュレーション articulation の理論については，粟谷（2008）も参照。

〈参考文献〉

粟谷佳司『音楽空間の社会——文化における「ユーザー」とは何か』青弓社，2008 年。
―――「マクルーハンから視聴覚文化へ」『新視覚芸術研究』Vol.1, 2015 年。
―――『限界芸術論と現代文化研究——戦後日本の知識人と大衆文化についての社会学的研究』ハーベスト社，2016 年近刊。
小倉エージ「私と URC ——レーベル誕生の背景となった関西フォークの動き」『レコード・コレクターズ』2015 年 5 月号。
片桐ユズル「フォーク学校の構想」『思想の科学』1968 年 9 月号。
野田努・三田格・水越真紀・吉住唯・工藤キキ編『NO!!WAR』河出書房新社，2003 年。
ハーヴェイ，デヴィド／吉田裕訳「『コモンウェルス』をめぐる往還」『現代思想』2013 年 7 月号。
花田達朗『公共圏という名の社会空間』木鐸社，1996 年。
平田周「人間主義論争再訪——アルチュセールとルフェーヴルの理論と実践における人間の位置」『相関社会科学』21 号，2012 年。
二木信「奇妙な縁は，いつも路上でつながる」『VOL 03』以文社，2008 年。
松野良一『市民メディア論』ナカニシヤ出版，2005 年。
水嶋一憲「ネットワーク文化の政治経済学」，伊藤守・毛利嘉孝編『アフター・テレビジョン・スタディーズ』せりか書房，2014 年。
室謙二編著『時代はかわる——フォークとゲリラの思想』社会新報，1969 年。
毛利嘉孝『文化＝政治』月曜社，2003 年。
吉岡忍「広場の思想」吉岡忍編『フォークゲリラとは何者か』自由国民社，1971 年。

吉岡忍編『フォークゲリラとは何者か』自由国民社，1971年。
DeMusik Inter編『音の力＜ストリート＞占拠編』インパクト出版会，2005年。
Althusser, Louis, *Pour Marx*, La Découverte, 1965=1996.（河野健二ほか訳『マルクスのために』平凡社，1994年）。
――――, *Sur la reproduction*, PUF, 1995.（西川長夫ほか訳『再生産について』（上）（下）平凡社，2010年）。
Althusser, Louis, et al, *Lire le Capital*, PUF, 1965.（今村仁司訳『資本論を読む』（上）（中）（下），ちくま学芸文庫，1996-97年）。
Appadurai, Arjun, *Modernity at Large*, University of Minnesota Press, 1996.（門田健一訳『さまよえる近代』平凡社，2004年）。
Berland, Jody, *North of Empire*, Duke University Press, 2008.
Fiske, John, *Reading the Popular*, Routledge, 1991.（山本雄二訳『抵抗の快楽』世界思想社，1991年）。
Fraser, Nancy, "Rethinking the Public Sphere", Craig Calhoun (ed.) *Habermas and Public Space*, MIT Press, 1999.（山本啓ほか訳「公共圏の再考」『ハーバーマスと公共圏』未來社，1999年）。
Gregory, Derek, *Geographical Imaginations*, Blackwell, 1993.
Habermas, Jürgen, *Strukturwandel der Öffentlichkeit*, Suhrkamp, 1962=1990.（Traslated by Burger, T., *Structual Transformation of Public Sphere*, MIT Press, 1989; 細谷貞雄ほか訳『公共性の構造転換』未來社，1994年）。
――――, *Faktizität und Geltung*, Suhrkamp, 1992.（河上倫逸ほか訳『事実性と妥当性』未來社，2003年）。
Hall, Stuart, "Encoding/decoding", Hall et al (eds.) *Culture, Media, Language*, Routledge, 1980.
――――, "Signification, Representation, Ideology: Althusser and the Post Structuralist Debate" *Critical Studies in Mass Communication*, 2, 1985.
――――, "Cultural Studies: Two Paradigms", *Media Culture and Society: A Critical Reader*, Sage, 1986.
Harvey, David, *Rebel Cities*, Verso, 2012.（森田成也ほか訳『反乱する都市』作品社，2013年）。
Lefebvre, Henri, *Le droit à la ville*, Anthulopos, 1968=2009.（森本和夫訳『都市への権利』ちくま学芸文庫，2011年）。
――――, *La révolution urbaine*, Gallimard, 1970.（今井成美訳『都市革命』晶文社，1974年）。
――――, *Espace et politique; Le droit à la ville*, II, 1972=2000.（今井成美訳『空間と政治』晶文社，1975年）。
――――, *La Production de l'espace*, Anthulopos, 1974=2000.（斎藤日出治訳『空間の生産』青木書店，2000年）。
Mitchell, Don, "The End of Public Space? People's Park, Definitions of the Public, and Democracy", *Annals of the Association of American Geographers*, Vol. 85, No. 1, 1995.（浜谷正人訳「公共空間は終焉したか？」『空間・社会・地理思想』大阪市立大学大学院地理学教室，2002年）。
Massey, Dreen, *For Space*, Sage, 2005.（森政人ほか訳『空間のために』月曜社，2014年）。

Negri, Antonio and Hardt, Michael, *Multitude,* Penguin Books, 2004.（水嶋一憲ほか訳『マルチチュード』（上）（下）NHK出版，2005年）。

Shields, Rob, *Lefebvre, Love and Struggle*, Routledge, 1999.

Smith, Neil, "Foreword", Henri Lefebvre, *The Urban Revolution*, University of Minnesota Press, 2003.

Stanck, Lukasz, *Henri Lefebvre on Space*, University of Minnesota Press, 2011.

Weigel, Sigrid, "On the 'Topographical Turn': Concepts of Space in Cultural Studies and Kulturwissenschaften. A Cartographic Feud", *European Review*, Volume 17, Issue 01, 2009, pp.187-201.（http://www.zfl-berlin.org/tl_files/zfl/downloads/personen/weigel/2009_on_topographical_turn_concepts_of_space.pdf）（2015.8.1 アクセス）

Williams, Raymond, *Marxism and Literature*, Oxford University Press, 1978.

――――――, *The Sociology of Culture*, with a new foreword by Bruce Robbins, University of Chicago Press, 1981=1995.（小池民男訳『文化とは』晶文社，1985年）。

〈資料〉

「うたうたうた フォーク・リポート」1969年1月号，4・5月号，11月号。

「かわら版」1967年7月号，1968年2月号。

（粟谷佳司）

第6章
スポーツを「闘争のアリーナ」として読み解く
——エリアス・ブルデュー・ハーグリーヴズのスポーツ研究を導きに——

第1節　動き始めたオリンピック協力体制の構築

　2015年5月13日，参院本会議において，文部科学省の外局としてスポーツ行政を一元的に担う「スポーツ庁」の設置法が可決，成立した。このことにより，政府はスポーツ庁を10月1日に設置し，2020年東京オリンピック・パラリンピックに向けた選手強化，スポーツを通じた地域振興や国際交流に取り組むこととなる。たしかに，これまでにもスポーツ庁の設置案が浮上しては消え，消えては浮上という経過を繰り返してきたわけだが，今回，スポーツ庁の設置が決定したことは，日本のスポーツ行政を進展させる上で，重要な契機となろう。

　しかし，スポーツ庁の設置がオリンピック・パラリンピック招致決定後になされたことを鑑みると，スポーツ庁は，例えば「スポーツ立国戦略」（2010年策定）に示されたようなメダル獲得の数値目標の具体化の司令塔として，期待されることが予想される。同時に，スポーツ庁は「スポーツ基本法」（2011年成立）に示された社会権としてのスポーツ権の保障，つまり，スポーツへの広範な人々の参加とそれをサポートする行政を主導する機関としても期待されよう。このような「スポーツの高度化」と「スポーツの大衆化」というテーマに対して，スポーツ庁は，どのようなスタンスを取り，スポーツ文化を発展させていくのかという点が今後問われていくことになろう。

　そこで，本章の目的は，まず，ノルベルト・エリアス，ピエール・ブル

デュー，ジョーン・ハーグリーヴズによる「スポーツ」の社会学的分析が，彼ら自身が生活や研究の基盤を置いたイギリスとフランスにおいて「スポーツ・フォー・オール（みんなのスポーツ）」というスローガンのもとで福祉国家的なスポーツ政策が進展していくこと——ハーグリーヴズは，サッチャー政権下の福祉国家政策解体と福祉国家的なスポーツ政策の再編にも言及——を背景とし，スポーツを「闘争のアリーナ」として分析したことの意義を確認することにある。次に，彼らの研究成果を導きとして，人間的な自由の表現としてのスポーツを探求するための理論的な視座の獲得に向けた論点整理を試みることにある。

現在，2020年東京オリンピック・パラリンピックを成功に導くために，日本のスポーツ界は「オリンピック協力体制」へと編成されようとしている。まさに，この事態こそ，スポーツが「闘争のアリーナ」であることを示しているのだが，そこで生じ得る軋轢やそれに対する闘争がどのように展開されるのか，非常に目が離せない状況となっている。このような状況を把握し，分析するためにも，エリアス，ブルデュー，ハーグリーヴズのスポーツ研究から得られる示唆は，非常に豊かである。それでは，以下で検討を試みたい。

第2節　エリアスと「スポーツ」
—— 「興奮の探求」としてのスポーツ

エリアスの高弟であり，イギリス・エリアス学派の重鎮であるダニングは，エリアスとの出会いを回想し，社会学界に対するエリアスの貢献を次のように語った。

　　彼は大学院生になった私にスポーツ研究をするよう勧めてくれました。エリアスは当時，自らもスポーツの研究を行っていたのです。彼がスポーティゼイションに関する仕事を行ったあとで，われわれは『刺激への探求』（Quest for Excitement）を上梓しました。ノルベルトはこれから，二十世紀の唯一偉大な，ではないにしても，最も偉大な社会学者の一人としての名声を，いよいよ確かにしてゆくだろう，と私は思っています。彼の偉大さの証とな

るものの一つが，彼がスポーツの重要性を見抜いたということです（ダニング，1999, p.123）。

このインタビューによると，ダニングがエリアスと出会い，経済学から社会学へと研究分野を転換させた1950年代後期において，スポーツは社会学における研究の対象として十分に認識されていなかった。しかし，スポーツが社会学において，注目すべき研究対象となるのは，時間の問題であった。なぜなら，戦後復興を成し遂げたアメリカ，ヨーロッパにおいてオートメーションというテクノロジーの発展と共に生じたマス・レジャーの成熟こそが，社会学にスポーツへの関心をもたらすことになったのである。とはいえ，この時点において，スポーツは「数あるレジャー活動のなかの一分野」としての扱いにとどまっており，スポーツが社会学的な考察を向けられる独立した対象にはなっていなかった。それ故に，ホーンらは，スポーツの社会学的研究が学問的な評価を獲得することの難しさを以下のように述べた。

　　イギリスにおいて，スポーツ社会学は，事実上，ゲットー・サブジェクトであり，ほとんどが体育大学において教えられるか，エリアスやダニングといった孤立はしていたが，独特のテイストを持ち，ある程度の影響力を持っていた社会学者によって行われていた（Horne, Jary and Tomlinson, 1987, p.2）。

しかし，ポスト産業社会が現実味を増し，同時にレクリエーションが福祉政策としても重視されるようになった1960年代中期から，スポーツは社会学における重要な研究対象として認識され，さらにスポーツ社会学が連字符社会学の1つに位置づけられ，多様な研究成果を生み出すようになった。しかも，エリアスが故国ドイツ亡命以降，研究活動の拠点としていたイギリスでは，バーミンガム大学体育部によって1956年に出版された『スポーツ界におけるイギリスの状況』を皮切りに，「スポーツ・フォー・オール」の実現に向けた1957年のウォルフェンデン委員会設置と1960年の「ウォルフェンデンレポート

(『スポーツとコミュニティ』)」の発表，そして 1965 年の「スポーツカウンシル」の設置という一連の施策が取られることになった。

　これらの施策を通じて強調されてきたことは，「スポーツ・フォー・オール」とは，スポーツが人間の成長に，あるいは社会の発展に欠かすことのできない貴重な文化であり，その享受はすべての人の権利であり，その実現のためには公共機関が条件整備の最大限の責任を負うことにあった。つまり，「スポーツを享受する権利＝スポーツ権」が社会権として再定義され，従来の近代スポーツが依拠してきた「自由権」やそのもとでの「狭隘化されたアマチュアリズム」をはるかに凌駕し得るものとなった。

　「スポーツ・フォー・オール」のスローガンのもと，スポーツ社会学は，福祉国家政策の一環としての「スポーツ振興」という点から，その理論的かつ実証的な研究成果を期待されることとなる。その期待に応えるために，スポーツ社会学研究のメインストリームは，パーソンズに代表される構造＝機能主義を理論枠組みに据え，スポーツの社会化，スポーツの正機能という諸テーマを掲げ，具体的な国民のスポーツ参加に向けた政策立案の屋台骨を支えていくことになった。しかし，エリアスがダニングと共に試みたスポーツの社会学的分析とは，このようなスポーツ社会学のメインストリームに棹差すものであった。このような彼らの試みのエッセンスは，以下のコメントに示されている。

　　私たちは，スポーツが持つ社会的構造および社会的機能と，社会のその他の諸様相が持つそれとの関係を，明らかにしなければならない。そして，そのためには，スポーツを，存在してあたり前の事実とみなすのをやめ，長期的な展望——どのように発展してきたかという展望——にたって捉えることが必要である。(中略) たしかに，競技というものは，どんな社会でも見られる。しかし，「スポーツ」と呼ばれる競技はある特殊な形式を持っており，この形式が近代以降の社会発展の特徴をよく表している (エリアス，1985, p. 123, 強調は引用者による)。

第6章 スポーツを「闘争のアリーナ」として読み解く

　つまり，エリアスのスポーツの社会学的分析の中心的な関心は，エリアスが主著『文明化の過程』(1939)で展開した「文明化過程論」を用いて，近代社会の成立と近代スポーツの誕生との相互連関を捉え直すことにあった。この相互連関をエリアスは，まず「スポーツ化」として分析を試みる。簡潔に整理すると，スポーツ化とは，近代スポーツの誕生と発展を肉体的暴力の抑制という「文明化過程」の一環として把握することにある。つまり，他者に対する直接的な攻撃性や残虐性への衝動が抑えられていく文明化過程は，人々に「直接的な身体的暴力行為から『模倣的活動』への参加」，さらに「模倣的活動を見ることによっての喜びを獲得するという情緒的な変化」をもたらすことになる。しかも，これらのことは「どの程度，私たちは感覚的に暴力を許容でき，そこに楽しみを見出すことが可能となるのか」（エリアス，1985，p.122，強調は引用者による）と換言でき，エリアスのスポーツ化を理解する上で重要な観点となる。

　また，近代スポーツの起源がイギリスに求められることに対して，エリアスはスポーツ化という観点から暴力抑制の変遷とスポーツとの関係をその論点として定立し，「近代スポーツの起源がイギリスにおける政治権力間の対立の解決方法と関連がある」（エリアス=ダニング，1995，p.48）と指摘する。ここでエリアスが注目している点は，政治的な闘争の場であっても，決して身体的暴力にその解決を委ねることにあるのではない。つまり，議会での議論やそれを踏まえた評決によって闘争の決着を試みるという「議会主義化」という現象が，身体的暴力を行使したい欲望を抑制することによって，互いの信頼関係を獲得していくという長期的な変化をもたらすと指摘する（エリアス=ダニング，1995，pp.39-47）。それ故に，これまで荒々しい暴力形式を伴う「前近代的スポーツ」は，「非暴力的なスポーツ」，つまり，近代スポーツへと漸次的に変容していくのである。エリアスは，民衆娯楽のスポーツ化を「18世紀に現れたようなスポーツと議会は，両者とも，イギリスの権力構造，および支配的集団としての先行の闘争から出現した部類の人々の社会的習慣における同様の変化に特有のものである」（エリアス=ダニング，1995，p.57）と述べる。

　このようなエリアスのパースペクティヴは，「議会主義化がスポーツ化の原

因となった」ということを主張するのでもなければ,「娯楽のスポーツ化が政治の議会政治化の原因となった」ということを意味しているのではない。つまり，エリアスは「議会主義化現象から近代スポーツ現象へ」という機能的因果関係から脱却して，それがあくまでも身体への暴力的行使の抑制というマナーの発達によって同時代的に，かつ同質的に様々な集団的・階級的・社会的現象として現れたという「社会発生的」な視点を採用している。それ故に，エリアスとダニングによるスポーツ研究は，社会的諸関係から「スポーツ」の位置づけを構成し，その視点から「スポーツ」そのものを問うことで「スポーツの相対的自立性」を明らかにすることと同時に，社会の編成秩序のダイナミズムの分析を志向していた。このようなエリアスとダニングによるスポーツ研究は，「構造」を既存の体制と位置づけ，そのもとでのスポーツの社会的機能を考察していた構造＝機能主義的アプローチを遙かに超える豊かなものであった。

　しかし，エリアスがダニングと共に試みたスポーツ研究は，残念ながら多くの人々に理解されず，ダニングが述べたように，彼らの理論的枠組みの中核を担う文明化過程論に対して，「多くの人々は，敵意と不可解さを露骨に表明した」(Dunning, 1992, p.225) のであった。なかでも，エリアスのスポーツ社会学に対して徹底した批判を行ったのが，マルクス主義やネオ・マルクス主義の影響を受けたスポーツ社会学の研究者たちであった。例えば，先に紹介したホーンらは，「文明化過程論は『社会統制』といった機能主義的な側面を潜在的に保持しており，それゆえに潜在的な社会的変革の諸力を無視する」(Horne and Jary, 1987, p.100, 強調は引用者による) と懸念を表明する。また，カナダのスポーツ社会学者グルノーも，「エリアスとダニングの議論は，『権力（Power）』を様々な手法で扱っているにもかかわらず，社会生活における支配原理への批判——特に資本主義社会の組織原理の変革という課題——とは直接結びつくことがない」(Gruneau, 1999, p.121, 強調は引用者による) と批判する。

　とはいえ，拙稿で指摘したように，エリアスの文明化過程論という歴史モデルは，社会変動をもたらし得る特定の社会階層や個人を想定することを禁欲し，社会変動を分析する社会・歴史的モデルとして，豊かな社会像と個人像を描き

第6章　スポーツを「闘争のアリーナ」として読み解く

出すことを目指したものである（市井，2004, p.8）。それでは，エリアスが「スポーツの相対的自律性」を唱え，文明化過程論からスポーツにアプローチすることのアクチュアリティは，どこにあるのか。それは，スポーツを「自己抑制の多元的重層性」と結びつけて把握することにある。

『文明化の過程』において，エリアスは，ヨーロッパの文明化過程は卓越的な支配の習慣的な再生産によるものだけではなく，身体的習慣の形式の「対照性の減少と多様性の増加」（エリアス，1981, pp.363-374）によって特徴づけられていることを指摘した。その際，エリアスは，ただ「自己抑制」が強化されるのではなく，様々な感情表出の形態が見られることに注目している。エリアスが指摘するように，「行動と感情の規制は，より厳格になり，さらに分化し，全てを包含することになったが，それはまた，より自制的になり，放縦はもちろん，自己懲罰のやりすぎをも追放することとなった」（エリアス＝ダニング，1995, p.29）のである。この点にエリアスは「感情を抑制しつつ解放する」（エリアス＝ダニング，1995, p.62）という感情管理をスポーツやレジャーの社会的機能の核心として見出したのである。

たしかに，エリアスも述べているように，これまでに文明化過程は「人々の心に教え込まれた『抑圧』と呼ばれるようなものが，増大する過程，さらに楽しい興奮を求め，それに従って人生を楽しむ能力が減退する過程」（エリアス＝ダニング，1995, p.236）と誤解されてきた。しかし，先にも述べたように，エリアスは感情管理を単に「感情や欲望を抑圧する」という理解にとどまっていたわけではなかった。むしろ，エリアスが求めたことは，さらに楽しい興奮を求め，それに従って人生を楽しむ能力を拡大させていくことにあったのではないだろうか。例えば，エリアスは「文明化過程を経ている社会が直面していた重要な問題のひとつは，快楽と抑制の新しいバランスを発見する問題であったし，今でも相変わらずそうである」（エリアス＝ダニング，1995, p.239）と述べる。まさに，エリアスは快楽と抑制の新しいバランスを発見する試みの一環として，「スポーツ」に注目したと言えよう。

第3節　ブルデューと「スポーツ」
―――スポーツ界の成立とその「政治」への関心

　オランダ・エリアス学派の重鎮であるハウツブロムは，1977年にエリアスの生誕80年を記念して出版された *Human Figurations: Essays for Norbert Elias* に収録された「イギリス，ドイツ，オランダ，フランスにおけるノルベルト・エリアスの研究に対する諸反響」という論文において，フランスにおいてエリアスを積極的に評価した人物としてブルデューを紹介している（Gouldsblom, 1977, p.72）。なかでも，ハウツブロムは，1976年にブルデューが主催する『社会科学研究学報』に，エリアスの「社会学的問題としてのスポーツの発生」のフランス語版を掲載するにあたり，ブルデューが「あとがき」において論じたエリアスへの評価に注目する[1]。

　「あとがき」において，まず，ブルデューは「社会学や歴史学において見向きもされなかったスポーツを学問的な対象へと引き上げた」ことを指摘した上で，エリアスの社会理論の根本を担う「文明化過程論」をエリアスのスポーツ研究の独自性を担保するものとし，以下のように評価した。

　　エリアスの手法を用いて近代スポーツの分析をすることは，スポーツを国家間もしくは国家内における支配の方向を考察すると共に，暴力抑制による人々のハビトゥスや快楽に対する適応力の考察を進めることができる（Bourdieu, quoted in Goudsblom, 1977, p.72）。

　上記のようにエリアスを高く評価したブルデューであったが，彼自身によるスポーツ研究は，1978年3月，パリの国立スポーツ・体育学院で行われた国際スポーツ史学会における「人はどのようにしてスポーツ好きになるのか」（以下，「基調報告」と称す）と題された学会の基調報告として姿を現した。この「基調報告」は，エリアスのスポーツ研究と共にスポーツ社会学界に新たな方向性をもたらすこととなった。まず，「基調報告」において，ブルデューは，

改めてエリアスを「厳密な意味でのスポーツ活動の独自性を把握した研究者」（ブルデュー，1991a, p.227）と紹介し，スポーツが社会学における重要な研究対象となったことを強くアピールする。それでは，「基調報告」に示されたブルデューのスポーツ研究のテーマを確認しておきたい。

「基調報告」の冒頭で，ブルデューは，スポーツ研究における2つのテーマを提示する（ブルデュー，1991a, p.224）。1つは，「スポーツ実践の空間構造」，つまり「特定のある時代のある時に，それをわがものとしたり社会的に受け取ったりすることができるようなスポーツの実行と消費という世界」の成立過程を分析することにある。もう1つが，「スポーツ実践とハビトゥスとの関係」，つまり「いくつかの選択肢として供給される様々なスポーツ活動と消費のなかから，人々がどういう原則に基づいてそれらを選択するのか」というスポーツ実践の選択の構造を分析することにある。もちろん，スポーツ実践の選択の構造分析には，「スポーツをやらない」ということも含まれている。この点は，「基調報告」発表後に出版された『ディスタンクシオン』（1979=1990）において，さらなる理論的な深化を成し遂げ，その成果はスポーツ研究において幅広く応用されてきた。

しかし，ブルデューは『ディスタンクシオン』で提示されたモデルが現実主義的かつ実体論的に理解され，その延長線上で趣味と階級の相関関係の分析へと矮小化されてしまったことに対して，ことあるごとに苦言を呈し，批判を試みてきた（ブルデュー，1990；ブルデュー＝ヴァカン，2007）。例えば，アンサールが簡潔かつ的確にまとめているように，ブルデューが『ディスタンクシオン』で試みたことは，「個人的な好みの領域においてまで，階級間の闘争が行われている様子を分析することであり，さまざまな文化的恣意性の間で，象徴的暴力や勢力関係がどのように働いているかをしめすこと」（アンサール，2004, p. 235）[2]にあった。それ故に，ブルデューのスポーツ研究には，「スポーツ実践の空間構造」と「ハビトゥス」との間に発生する「政治」の分析が必然となる。

まず，ブルデューが「基調報告」において「スポーツ実践の空間構造」を分析する上で取った手法は，エリアスの近代スポーツの社会発生論に倣い，「近

代スポーツという社会現象を可能にした歴史的・社会的諸条件を問い直すこと」(ブルデュー，1991a, p.224)にあった。そこで，ブルデューは，近代スポーツとその「先祖」と見られる諸慣習行動との間に存在する「切断」に注目することを重視する(ブルデュー，1991a, p.226)。このことは，「スポーツ」と「スポーツではないもの」との差違を把握することになるのだが，同時に，この試みは従来のスポーツ研究のパラダイム，つまり「これまでの身体的な活動(闘争や娯楽)が，スポーツとなったのは，スポーツ固有の発展にある」という見解を否定することでもある。このように，ブルデューがエリアスから触発され，継承した問題意識をまとめると，スポーツが単なる儀式上の競技にも祭礼の余興にも還元できないような独特の活動として規定されるようになったのはいつからで，どのような権力構造と力学が働いていたのかを追求することであった。

そこで，ブルデューは，さらにスポーツ実践の空間が持つ独自の論理の分析を進める(ブルデュー，1991a, pp.233-234)。その際，ブルデューは，近代以降，スポーツが支配階級内部の諸階層間の闘争，および社会諸階級間の闘争の政治闘争の手段や賭け金として，ますます重要な位置を占めるようになったことに注目する。しかも，スポーツ実践の空間は，スポーツ活動の正しい定義の強制と肉体の正しい使い方の定義をめぐる闘争の場という性格を顕在化させ，様々な社会的な利害関係を反映させた「スポーツの政治哲学」を産出することになる。例えば，まず，スポーツ活動は，プロフェッショナリズム／アマチュアリズム，するスポーツ／見るスポーツ，エリートの弁別的なスポーツ／大衆の庶民的スポーツなどといった定義づけがなされる。次に，「身体文化」をめぐる禁欲主義——文化にアクセントを置き，反肉体，反自然，努力，矯め直すこと，知的な正しさを強調するもの——と快楽主義——自然や肉体そのものに特権を与え，文化のニュアンスを消して身体を強調するもの——との対立でもある。当然のことながら，このようなスポーツの定義づけや肉体の使用をめぐる対立や闘争は，スポーツの使用や肉体の使用に関わりのある人々——トレーナー，体育教師，体育指導者，医師，スポーツの財やサービスの商人，もしくは国家など——によって担われている。

第 6 章　スポーツを「闘争のアリーナ」として読み解く

　このようにブルデューは，スポーツ実践の空間分析を様々な社会的な利害関係を反映させたスポーツの政治哲学の産出との関連に注目するが，それには大きな理由がある。それは，前章で検討したエリアスのスポーツ研究とも関連するが，ブルデューがスポーツ研究を進める背景にも，フランスにおける「スポーツ・フォー・オール」の確立という具体的な課題があった。それでは，ブルデューのスポーツ研究理解のためにも，フランスにおける「スポーツ・フォー・オール」の確立の過程を確認しておきたい。[3]

　たしかに，早川武彦が指摘したように，フランスにおけるスポーツ社会学は，欧米のなかでも比較的遅れて着手された（早川，1991，p.28）。しかし，スポーツに関する法整備や制度設立を見てみると，それらは，比較的早い時期から先進的な試みが行われていた。例えば，齋藤健司の整理を参考にすると，フランスにおける 1940 年代から 1970 年代までのスポーツ法ならびにスポーツ政策の変遷は，3 つの特徴に分類することができる（齋藤，2007；2008）。

　第 1 に，1940 年のスポーツ組織に関する法律，1945 年のスポーツ非営利社団，リーグ，連盟および団体に関する臨時立法，学校および大学のスポーツ組織に関する臨時立法など，スポーツ団体組織を中心に制定され，特別なスポーツ団体法が形成された。第 2 に，1940 年代から 1950 年代に，スポーツ活動の安全を確保するために，スキー，水泳，山岳ガイドおよび柔道の指導者資格に関する特別法が制定された。さらに，1963 年には，スポーツ教育者の職業資格全体に関する法律が制定された。第 3 に，1958 年にド・ゴール政権となり，1960 年のローマ・オリンピックでの惨敗を契機として，スポーツ行政の強化が求められ，1966 年に「青少年・スポーツ省」が設置されると，スポーツ専門の公務員制度が確立し，総合的なスポーツ政策が展開され，関連する法令の整備が進んだ。また，1961 年，1965 年，1971 年にはスポーツ施設に関する長期計画法が制定された。

　上記の法令の展開を受けて，1975 年にフランスにおける最初のスポーツ基本法と言える「体育およびスポーツの発展に関する法律（マゾー法）」が制定された。同法は，教育改革の影響も受けて，体育とスポーツの両方の基本を定め

た。また，同年のヨーロッパ会議による「ヨーロッパみんなのためのスポーツ憲章」や1978年のユネスコによる「体育・スポーツ国際憲章」制定に対応して，あらゆる人があらゆる水準でスポーツ活動に参加する自由と平等の原則を定めた。さらに，1984年に「身体的およびスポーツ的活動の組織および促進に関する法律（アヴィス法）」が制定された。同法は，1941年のスポーツ施設に関する法律，1963年のスポーツ教育者の職業資格に関する法律および1975年のスポーツ基本法を廃止し，それまでの関連する諸規定を統合したものである。なかでも，第1条では，「身体的およびスポーツ的活動の発展は，一般の利益にあたり，身体的およびスポーツ的活動の実践は，性別，年齢，能力または社会的条件がいかなるものであろうとも各人にとって権利である」と，スポーツに関する権利を定めた。

　以上のようなフランスの「スポーツ・フォー・オール」の展開とブルデューのスポーツに関する主要な研究成果の発表時期——先の「基調報告」(1978=1991a)，『ディスタンクシオン』(1979=1990)，「スポーツ社会学のための計画表（以下，「計画表」と称す）」(1987=1991b)——とを鑑みると，ブルデューのスポーツ研究を理解するには，フランスのスポーツ政策の「節目」との相関関係に注目する必要があろう。たしかに，「スポーツ・フォー・オール」が提起されることによって，人々のスポーツへの関心は高まり，しかもそれが社会権として定義されることにより，人々は，スポーツを享受する機会を福祉国家政策に強く求めていくことになった。

　しかし，ブルデューが述べたように，当初，ボランタリーな協力活動を基盤に組織されたスポーツ団体が次第に公権力の承認を得て，さらにはその援助を受けることによってスポーツをポピュラーなものにしていく過程には，スポーツをめぐる様々な政治的立場が対立し，競い合ってきた（ブルデュー，1991a, p. 240）。それ故に，「スポーツ・フォー・オール」の実現とは，単に福祉国家政策のもとで社会権を称揚し，スポーツ施策の充実——例えば，スポーツ施設の質的・量的な拡充——を国家（行政）に要求すれば事足りるということにはなり得ない。むしろ，ブルデューからすれば，「スポーツ・フォー・オール」と

第6章 スポーツを「闘争のアリーナ」として読み解く

は，スポーツ組織やこの組織の責任者たち——当然のことながら国家（行政）も含む——の外見がニュートラルになるにつれて，ますます正体を隠したままで，スポーツがますます政治闘争の賭け金として重視されることであって，スポーツの需要と供給をめぐるスポーツ界の再編を加速化させる事態であった。それ故に，以下のブルデューのコメントは，あたかも「スポーツ・フォー・オール」をきっかけに，急増するスポーツへの新規の参加者を意識したような印象を受ける。

　それぞれの時点で，個々の新参者は，スポーツの実践活動と消費行動とがすでに決定されている状態，スポーツの諸階級間における配分の状態，を考慮に入れなければなりませんし，新参者にはとても変えようもない状態，この「スポーツの場」にはっきりした立場で参加してきた行為者たちや諸制度の間の競争という前史のすべての結果である状態，を考慮しなければなりません（ブルデュー，1991a, pp.242-243, 強調は引用者による）。

果たして，上記のブルデューのコメントは，新規のスポーツ参加者にどのように響くのであろうか。このコメントを解釈するヒントが，ブルデューの「ハビトゥス」にある。

事実，ハビトゥスは，数あるブルデューの独自の概念のなかで，最もポピュラーなものであると同時に，論争の多いものであるので，ハビトゥスの理解は困難な作業となる。そこで，かなり要点を絞り込むならば，ハビトゥスとは，人々の生活スタイルの根源にあって，人々が様々な場面において選択する行為——もちろんスポーツも含む——を掌るものと言えよう。つまり，ハビトゥスは，個人の身体のなかに認知，評価，行為の精神的図式と身体的図式をとる形で「蓄えられた」歴史的諸関係の集合という形をとっている（ブルデュー＝ヴァカン，2007, p.36）。しかも，ハビトゥスとは，諸個人の行為の「規範」として機能するのではなく，新たな人間的行為を創出する「資本」でもあり，人間的行為の自由な領域の拡大を目指すものと理解してもかまわないだろう。

このようなハビトゥス理解のもと，ブルデューは新規のスポーツ参加者を，スポーツ界を再編する「主体」とまでは言わないにしても，スポーツ界を支配するスポーツの「正当性」や「普遍性」に対する揺らぎをもたらす存在と見なしたと言えよう。例えば，ブルデューは，彼の社会学的営為において「普遍的規範」や「普遍性」の存在を前提とした議論を行わず，その代わりに「普遍なるもので得をするのは何者か」という問いを立て，行為者が自分の個別的利益を満足させながら，そのこと自体によって普遍を作り出すことに貢献するような「界」の分析を理論的に重視する（ブルデュー，1991b, pp.54-55）。

　まさに，上述したように，スポーツ界も「スポーツの普遍性」をめぐる闘争の場にほかならない。しかし，そこに新規のスポーツ参加者が参入することにより，新規の参加者による「反発」を伴いながら，スポーツの支配的な意味が変化していくことになる。つまり，この反発こそが，新規のスポーツ参加者のハビトゥスに導かれるものであり，さらにハビトゥスのもとでスポーツ界が提示する「スポーツの普遍性」なるものをも読み変えていくことになる。そこに，ブルデューは「スポーツ・フォー・オール」の可能性，つまりスポーツ文化を発展させていく契機を見出したと言ってもいいのではないだろうか。

第4節　ハーグリーヴズと「スポーツ」
―― スポーツ実践の「主体」の捉え直し

　上述してきたように，エリアスとブルデューが進めてきたスポーツ研究とは，「スポーツ・フォー・オール」というスローガンのもとに推進された福祉国家的なスポーツ政策を背景に，近代スポーツの誕生と展開を社会学的に分析することで，人々がどのようにスポーツと関わり，豊かな生活を構想するのかというテーマを追求したと言えよう。なかでも，このテーマを追求するにあたり，エリアスとブルデューが力点を置いたのが「スポーツ実践の社会空間の把握」であった。このことは，スポーツ実践の社会空間を構成する諸権力関係を分析することにより，人々にスポーツ実践の「主体」への関心を喚起させることにあったとも考えられよう。

第6章　スポーツを「闘争のアリーナ」として読み解く

　本節では，このようなエリアスとブルデューのスポーツ研究のアクチュアリティをマルクス主義やネオ・マルクス主義のパースペクティヴを採用しているスポーツ社会学者，なかでもハーグリーヴズの研究に注目し，考察を試みたい。とはいえ，なぜ，ここでハーグリーヴズの研究に注目するのか。なぜなら，ハーグリーヴズは，スポーツが資本主義社会の再生産における支配的契機としてますます強化される一方で，この支配的契機が必ずしも十分に作用せず，むしろ，それに対する反発や抵抗を生み出し，社会的再生産やその正当性を揺るがせることに注目しているからである。また，この点は，本章で考察を試みたエリアスとブルデューのスポーツ研究にも見出すことが可能であり，さらにハーグリーヴズはこのテーマをスポーツ実践の「主体」の捉え直しへと発展させていると思われるからである。

　さて，ハーグリーヴズであるが，彼は1986年に『スポーツ・権力・文化——英国民衆スポーツの歴史社会学』を出版した。このテキストにおいて，ハーグリーヴズはグラムシのヘゲモニー論を用いているが，その要点を簡潔に整理すると，それは，近代以降の社会的・文化的な支配形態が，支配階級による国民大衆への「直接的な支配」ではなく，国民大衆からの支配階級への「自発的同意」を獲得する政治的プロセスを明らかにすることに理論的な力点が置かれている。ヘゲモニー論は，合意形成をめぐる支配層と被支配層との間で不断に繰り広げられる複雑な交渉を描き，社会変革をもたらす多様な決定要因に注目することになる。

　ハーグリーヴズは，スポーツ研究に要求される視座を，社会的諸関係から「スポーツ」の位置づけを再構成し，同時に「スポーツ」そのものを問うことによって，社会を編成するダイナミズムを分析することに求める。それ故に，スポーツを把握するための方法論として，素朴な「還元論」や「決定論」は，一切排除されなければならない。そこで，スポーツを理論化する上でマルクス主義に力点を置いていたハーグリーヴズは，伝統的なマルクス主義に主導的な「経済決定論」や「再生産論」を静態的なものと批判し，ヘゲモニー論に注目することにより，スポーツを自律的な文化的領域として動態的に把握すること

を試みたのである。この点を，ハーグリーヴズの言葉で確認しておきたい。

　スポーツ・権力関係の発展とその現代的なパターンを，決定論者の流儀で，一つの要因，過程，エージェントの行動に帰すことは明らかにできない。（中略）また共謀し，統合した一つの支配集団が見事にそのマスター・プランを一歩ずつ実行していったという根拠もない。歴史的運命（弁証法，近代化等）の先決的で必然的な展開や「見えざる手」も作用しなかった（ハーグリーヴズ，1993, pp.277-278）。

　スポーツと権力との結びつきであるが，ハーグリーヴズはそれを「自らの目的追求のために戦略をめぐらす対立する利害関係者の継続的な相互作用の所産」（ハーグリーヴズ，1993, p.278）として描く。まさに，スポーツは主要な社会闘争の場にほかならない。そこで，ハーグリーヴズは，19世紀と20世紀初期における産業資本主義の効率的な機能の前提となったと考えられる規則的で，やや事大主義的な統制形態が必要とされなくなり，現代の消費社会に要求される統制形態としてのスポーツの位置に注目し，以下のように述べる。

　消費文化の影響下で，例えば，特に性差による制約的な戦略的展開は減少し，いまや性差は性的刺激の技術によってますます展開されている。抑圧に代わって，我々は刺激による統制を受けるのである。肉体は明らかに，消費文化とそれを供給する企業にとって決定的に重要な対象なのである。スポーツは，ファッション，外食，料理，ダイエット，キープフィット療法，他の身体的に活動的なレジャー，宣伝的イメージ，性的魅力増進用具一式，といったものと共に，新しい「標準化された」個人の生産を目的とする，常に入念化していくプログラムの中に位置づけられるのである（ハーグリーヴズ，1993, p.30，強調は引用者による）。

　ハーグリーヴズはフーコーの権力論に従い，消費文化を消費資本主義の「操

第6章 スポーツを「闘争のアリーナ」として読み解く

作」と結びつき，それを通じて再生産される生活方法と位置づけている（ハーグリーヴズ，1993, p.25）。このようなハーグリーヴズがフーコーに依拠して整理したスポーツの位置の変化とは，1979年にサッチャーを擁する保守党が労働党から政権を奪取し，福祉国家政策の解体を進めるなかで，社会民主主義的な「スポーツ・フォー・オール」の再編のプログラムに顕在化したものであった。

しかし，ハーグリーヴズの視点は「消費文化は必ずしもフーコー的な統制のプログラムが望み通りの成果を達成することができない」という点に向けられている。それは，ハーグリーヴズが著書の冒頭で述べた以下のフレーズにその理由が述べられている。

　　スポーツの社会的役割は，大衆を社会秩序や資本家などに対する遵奉へと操作するための手段として，単純に説明され得るものでもない。というのも，そのように説明することは，人々を受動的なお人よしと見なすことになり，延いては，統制に対しては抵抗し，自らの文化にスポーツを刻印する彼らの能力を無視することになるからである（ハーグリーヴズ，1993, p.16, 強調は引用者による）。

つまり，ハーグリーヴズは，グラムシのヘゲモニー論を用いることによって，従来のマルクス主義的な変革主体論や階級還元論から距離をとることで，スポーツをめぐって繰り広げられる闘争，統制，抵抗を通じてスポーツを自らの文化的な営みに接合しようとする人々の能動性に注目する。さらに，このようなハーグリーヴズの関心は，以下のように述べられる。

　　スポーツを闘争，統制，抵抗として，即ち，権力関係の作用する闘技場としてテーマ化することは，当然のことながら，究極的に人間的自由の達成との関連でスポーツをテーマ化することであり，暗黙裡に，この点でスポーツの潜在的な変換能力を問題提起することなのである（ハーグリーヴズ，1993, p.30, 強調は引用者による）。

当然のことながら，「スポーツの潜在的な変換能力」を提示したハーグリーヴズの意図は，単に消費文化に抵抗するための素材を提供する宝庫として労働者階級文化や民衆文化を強調することではない。このようなハーグリーヴズの問題関心は，『スポーツ・権力・文化』の「序文」に記されたホールのコメントに現れている。この序文は，スポーツ研究の要点と陥穽を的確に指摘している。

　スポーツの話題は，最近の出版界で確実な人気を獲ている。しかし，その研究の多くは，確かに有用なのだが，あるスポーツの内的構造や歴史に制限される傾向がある。この分析方法に対してよく対置されるもうひとつの方法は，スポーツを「レジャー」活動のコンテクストに位置づけることである。しかしながら，「レジャー」は重要で価値ある概念ではあるが，スポーツをそのようなコンテクストに位置づけることは，スポーツとより広範な社会問題との有機的な関係の意味を，そしてまたは，社会的活動としてのスポーツ活動に内在する緊張と喜びの感情を見落とすという，かなりずさんで，締まりのない公式に陥るのである（ハーグリーヴズ，1993, p.3，強調は引用者による）。

　このようなホールの指摘は，スポーツ研究の理論的な関心を消費社会論的な「欲望／快楽」にとどめることではなく，「社会的活動としてのスポーツ活動に内在する緊張と喜びの感情」と「スポーツの変換能力」との相互連関を探究するものとして位置づけることになる。まさに，これらの相互連関の探求とは，スポーツを人間的な自由の豊かな表現としてさらに追求するヘゲモニー闘争にほかならない。つまり，スポーツをめぐるヘゲモニー闘争とは，スポーツの固有の性格を生み出す諸要素（「プレイの要素」，「ルールにより高度に構造化されるプレイ」，「競技性」，「演劇的表現の要素」，「身体とその表象性」）が，権力編成の構築のなかで，どのように制限されたり，方向づけられたりするのかを争点とする。たしかに，今やスポーツは人間的な自由を求めて様々な能動的な主体が参加する「闘争のアリーナ」と化している。しかし，ハーグリーヴズによって指摘さ

れた「スポーツの変換能力」が，既存のスポーツのプレイ・スタイルやルールを改変し，新たなスポーツの創造へと道を開くものとなり得ているのか，さらに，そのような力が発揮されるようなスポーツ界をどのように構築していくのかという問題が問われている。この点については，理論的な検証と共に，実践的な課題――スポーツへの参加に際して，その社会経済的構造や労働条件，生活条件などから生じる構造的な格差問題等――の解決と結びついたスポーツを介した社会運動（市井・山下，2011）の検証も求められよう。

第5節　新たなスポーツを求めて――飽くなき「興奮の探求」

　理論的なアプローチや政治的な立場を異にするエリアス，ブルデュー，ハーグリーヴズであるが，彼らがスポーツ研究を通じて明らかにしようとしたことは，「スポーツは自由性と拘束性という二律背反的な緊張関係にありつつも，人間的な主体的行為であることを示すこと」と言えるのではないだろうか。たしかに，先進資本主義諸国によって展開された福祉国家政策は，社会の安定化をもたらすと共に，例えば「スポーツ・フォー・オール」のように，人々の社会参加への諸条件の整備を進めることになった。しかし，彼らのスポーツ研究からうかがえることは，福祉国家政策の意義は認めつつも，そのもとでスポーツが社会秩序の安定に貢献する社会的機能としてのみ期待されることに対して否定的であった。また，この点を踏まえた上でハーグリーヴズが指摘した「スポーツの変換能力」とは，スポーツそのものを変革の対象とすることであり，この点に人間的な自由の表現としてのスポーツをさらに探求していく手がかりがあると言えよう。それでは，本章を閉じるにあたり，先にハーグリーヴズの指摘を深化させてくためにも，エリアスがスポーツを文明化過程のもとで産出された「対抗運動」という点に注目し，スポーツを飽くなき「興奮の探求」と位置づけようとする意義を確認しておきたい。

　この「対抗運動」という概念は，エリアスが『宮廷社会』（1969=1981）で提示したもので，「二面的階層」と共に，社会変動の「契機」をはらんだものと

して描かれている（市井，2004, p. 7）。エリアスが研究対象とした「宮廷社会」とは，不安定かつ緊張をはらんだ社会的な空間であり，そこへの参加者に対して感情管理——感情の抑制と表出のバランス——を要求することで，その崩壊を回避しようとする。しかし，どのような感情管理がベストなのか，そのモデルとなるような普遍化された感情管理は明確に存在し得ず，むしろ，人々が作り出す相互依存の網目に現象する権力関係を読み解きながら，個々の感情管理を構築することが求められる。まさに，この点にエリアスは，新たな社会関係の変化を生み出す契機としての対抗運動を見出す。

そこで，エリアスは，対抗運動を「『感情』の解放への試みであり，同時にそれは常に，一定の社会的圧力からの個人の解放の試み」（エリアス，1981, p. 176）と述べる。もちろん，この対抗運動は，スポーツのみならず，ファッション，ヘアスタイル，音楽，演劇，舞踏といった風俗，文化現象に見られる。このような対抗運動の理解のもと，エリアスはスポーツを単なる社会秩序の安定に貢献する社会的機能ではなく，社会変動の契機を内包したものとして考えていたと言えよう。それ故に，スポーツ——それは「する」にせよ，「見る」にせよ——がもたらす楽しい興奮を人々が得られるような工夫，つまり，「スポーツにおける快楽と抑制とのバランス」を探究することは，エリアスにとって，スポーツそのもののあり方と社会そのもののあり方を同時に問い直すという壮大な試みにならざるを得なかったと言えよう。さらに，このようなエリアスの問題意識は，既存のスポーツとは異なり，「個人主義」，「ハイリスク」，「反競技志向」を特徴とし，近年，「エクストリームスポーツ」，「アクションスポーツ」，「ライフスタイル・スポーツ」と称される新たなスポーツの分析に豊かな理論枠組みを提供すると思われるが，この点は稿を改めて，論じたい。

〈注〉
（1）このフランス語版は，1971年に発表されたオリジナルの英語版「社会学的問題としてのスポーツの発生」に「国家の発生とスポーツの発明」という章を補足し，論文タイトルを「スポーツと暴力」と変更したものである。
（2）ヴァカン（Loïc J.D. Wacquant）が編者を務めた『国家の神秘』（2005=2008）を翻訳した水島和則は，「訳者解説」において，多岐にわたる研究対象を扱ってきたブルデュー社会

学のテーマを「現代社会において民主主義は，はたして存立可能か」という一点に収斂し，「『ディスタンクシオン』は，人々の政治的能力（の剥奪）という問題を提起するために書かれた」というラディカルな指摘をしている（ヴァカン編，2008，p.328）。
(3) 本章で言及したフランスのスポーツ政策については，齋藤（2008），早川（1991），ドゥフランス＝ポシエロ（1997）を参考にして整理した。

〈参考文献〉

アンサール，P.／山下雅之監訳『社会学の新生』藤原書店，2004年。
市井吉興「エリアス社会学のパースペクティブ——文明化過程・宮廷社会・スポーツ」京都民科歴史部会『新しい歴史学のために』2004年。
市井吉興・山下高行「マルクス主義的スポーツ研究の課題と展望——日本とイギリスの研究からその変遷と課題を素描する」日本スポーツ社会学会『スポーツ社会学研究』19 (1)，2011年。
内海和雄『イギリスのスポーツ・フォー・オール——福祉国家のスポーツ政策』不昧堂出版，2003年。
エリアス，N.／赤井慧爾ほか訳『文明化の過程（上）』法政大学出版局，1977年。
————／浜田節夫ほか訳『文明化の過程（下）』法政大学出版局，1978年。
————／浜田節夫ほか訳『宮廷社会』法政大学出版局，1981年。
————／桑田禮彰訳「スポーツと暴力」栗原彬ほか編『身体の政治技術（叢書 社会と社会学：3）』新評論，1985年。
エリアス，N.＝ダニング，E.／大平章訳『スポーツと文明化——興奮の探求』法政大学出版局，1995年。
グルノー，R.／岡田猛ほか訳『スポーツの近代史社会学——階級・スポーツ・社会発展の理論とカナダにおける実証』不昧堂出版，1997年。
齋藤健司『フランススポーツ基本法の形成』成文堂，2007年。
————「フランスのスポーツ政策」諏訪伸夫・井上洋一・齋藤健司・出雲輝彦編『スポーツ政策の現代的課題』日本評論社，2008年。
ダニング，E.／樋口克己訳「暴力とスポーツの文明化——エリック・ダニングに聞く」『季刊iichiko』52，1999年。
————／大平章訳『問題としてのスポーツ——サッカー・暴力・文明化』法政大学出版局，2004年。
ドゥフランス，J.＝ポシエロ，C.／山下高行訳「フランスにおけるスポーツの場の構造と展開（1960-1990）——『機能的』，歴史的，予測的分析試論」立命館大学産業社会学会『立命館産業社会論集』32 (4)，1997年。
ハーグリーヴズ，J.／佐伯聰夫・阿部生雄訳『スポーツ・権力・文化——英国民衆スポーツの歴史社会学』不昧堂，1993年。
ヴァカン，L.編／水島和則訳『国家の神秘——ブルデューと民主主義の政治』藤原書店，2008年。
早川武彦「フランス・スポーツ社会学研究の動向」一橋大学『研究年報』1991年。
ブルデュー，P.／石井洋二郎訳『ディスタンクシオン——社会的判断力批判』藤原書店，1990年。

──────────/田原音和監訳『社会学の社会学』藤原書店，1991a 年。
──────────/石崎晴己訳『構造と実践──ブルデュー自身によるブルデュー』藤原書店，1991b 年。
──────────/櫻本陽一訳『メディア批判』藤原書店，2000 年。
ブルデュー，P.=ヴァカン，L./水島和則訳『リフレクシヴ・ソシオロジーへの招待──ブルデュー，社会学を語る』藤原書店，2007 年。
Dunning, E. "Figurational Sociology and the Sociology of Sport: Some Concluding Remarks", in Eric Dunning and Chris Rojek (eds.) *Sport and Leisure in the Civilizing Process: Critique and Counter-Critique*, London: Macmillan, 1992.
Goudsblom, J., "Responses to Norbert Elias's work in England, Germany, the Netherlands and France", Peter Gleichman (ed.) *Human Figurations: Essays for Norbert Elias*, Amsterdams Sociologish Tijdschift, 1977.
Gruneau, R., *Class, Sports and Social Development*, Champaign, Human Kinetics, 1999.
Horne, J. and Jary, David, "Figurational Sociology of Sport of Elias and Dunning: An Exposition and Critique", John Horne, David Jary and Alan Tomlinson (eds.) *Sport, Leisure and Social Relation*, London, Routledge & Kegan Paul, 1987.
Horne, J. David Jary and Alan Tomlinson, "Introduction: The Sociological analysis of sport and leisure", John Horne, David Jary and Alan Tomlinson (eds.), *Sport, Leisure and Social Relation*, London, Routledge & Kegan Paul, 1987.

（市井吉興）

第7章
ポスト・セキュラー論で読む宗教判例
――ハーバーマスとテイラーの議論から――

　21世紀に入って以降, 宗教をめぐって「ポスト・セキュラー」という言葉が盛んに用いられている。その基調となる主旨は, 近代化に伴って宗教は衰退するという考え方には修正が必要である, というものである。背景にあるのは, 1979年のイラン・イスラム革命や1980年代の米国レーガン政権による福音派の選挙動員など, 公的な空間で宗教が存在感を増しつつある状況であり, 直接的には2001年の9.11同時多発テロが議論の引き金となっている。こうした現実を前にして, 近代化と宗教の関係を「世俗化」として捉えてきた社会科学の認識枠組みである「世俗化論」は解体して再構成すべきであると指摘されるようになった。

　世俗化論とは, ごく大まかには, 近代化に伴って宗教は公的な機能や影響力を喪失し, 私的領域に撤退する, というものであり, 主として1960年代から70年代に盛んに論じられた。しかし, 先に述べたように70年代末にイランでイスラム革命が起き, 米国の大統領選挙で宗教票の影響力が注目されるなどしたことが, 「宗教は衰退する」とした世俗化論の明瞭な反証と見なされたことから, 世俗化の語を破棄するか, 世俗化論の修正が必要であるとされるようになった。[1]

　「ポスト・セキュラー」は, こうした世俗化論およびその修正論の後に出てきた言説ということになる。[2]議論の内容自体は世俗化修正論の流れに沿うものであるが, そこに「ポスト・セキュラー」の語が冠せられて流行するにあたっては, ユルゲン・ハーバーマスの果たした役割が大きい。この語は, ハーバーマスという「有名人」が用いたことによって, にわかに脚光を浴びることと

なったのである。それまで宗教についてあまり言及することのなかったハーバーマスが宗教を正面から論じるようになったのは，2001年の講演「信仰と知識」（Habermas, 2001）以降であり，直前に起きた9.11同時多発テロがきっかけとなっている。そのため，ハーバーマスの「ポスト・セキュラー」論の基調は，世俗と宗教の対話はいかにすれば可能か，世俗主義的民主主義は宗教に対してどのように対応すべきであり，宗教の側は世俗主義・民主主義を前提とする公共圏のなかでどのように振る舞うべきか，という課題についての思索となっている。

　　私は「ポスト・セキュラー」という表現を，おおかた世俗化された，あるいは脱教会化された諸社会が，宗教共同体が存在し続けていることや，国内の公共圏とグローバルな政治の舞台の両方において宗教的発言が影響を及ぼすことを，今や受け入れるようになったという意識の転換を社会学的に描写するものとして用いている（Habermas, 2012, p.121, 英訳 p.348）。

　ハーバーマスは，9.11同時多発テロなどによって改めて自覚された宗教のプレゼンスという現実と，そのことが認知されるようになった社会状況を指して「ポスト・セキュラー」と呼び，その上で，そうした事態にどのように対処すべきか，そうした事態のなかで，どのような態度を取るべきかを論じている。
　ハーバーマスは，宗教には公共圏において傾聴に値する価値があることを認め，世俗の側は宗教的信念からの意見表明に耳をふさぐのではなく，むしろそこから何を学ぶことができるのかを検討すべきであるとする。リベラルな国家体制における「多数の声からなる公共性という精神的なあり方」（Habermas, 2001, p.22, 訳 pp.276-277）には，そうした態度がふさわしいからである。ただし後述するように，宗教的な価値がリベラルな国家の議題として取り上げられるためには，宗教的な信念を世俗的な言語に「翻訳」する必要があると見なしている。
　こうした発想からの議論は，あくまでも宗教を世俗と異なるものとして扱う

こととなり,宗教をいわば特別扱いすることとなるが,ハーバーマスと同じく「ポスト・セキュラー」の代表的論客の一人とされるチャールズ・テイラー[3]は,こうした宗教の特別扱いを厳しく批判する。テイラーに言わせれば,世俗的理性と宗教的思想との違いを指摘するハーバーマスは,常に世俗的理性の方を優先させている(Taylor, 2011, pp.49-50, 訳p.54)。だが,宗教を世俗より優遇すべきでないのと同様,世俗を宗教より優遇すべきではないはずだ,と言うのである(Taylor, 2011, p.37, 訳p.37)。

両者の議論は,このように相違点をはらみつつも,解決しようとしている課題は共通している。以下,両者の講演と対話が収められた論集『公共圏に挑戦する宗教』[4](Mendieta and VanAntwerpen, 2011)を手掛かりに,両者の議論が共有する課題と,その解決策として彼らが何を提案しているのかをまとめてみたい。その上で,両者の議論が課題の解決に成功しているのかを,実際の事例に当てはめて検証するため,小泉純一郎元首相の靖国神社参拝に関する裁判を取り上げることとする。

第1節　ハーバーマスとテイラー

(1) テイラー3原則

先に見たテイラーのハーバーマス批判は,宗教を世俗よりも下に見ている,というものであった。もちろん,ハーバーマス自身は世俗的理性を宗教的理性よりも優位に置くことを意図しているわけではなく,宗教的理性を非合理な世界観の産物と見なす態度を否定してもいる(Mendieta and VanAntwerpen, 2011, p.61, 訳p.64)。ただし,あくまでも宗教的理性と世俗的理性はタイプが異なるとする。すなわち,宗教的理性が宗教的共同体の一員になることによってのみ共有可能であるのに対して,世俗的理性は特定の共同体のなかだけで通用するものではなく,様々な共同体に通用し,普遍的に共有されることを志向するものであるとする(Mendieta and VanAntwerpen, 2011, p.61, 訳p.65)。

これに対してテイラーは,こうした態度こそ,宗教に対する「特別扱い」あ

るいは「宗教への不信感」の表れであり，「啓蒙の神話」に由来するものであると批判する（Taylor, 2011, p.52, 訳 p.57）。テイラーの言う「啓蒙の神話」とは，「啓示あるいは宗教一般を，人間に関する事柄を考える視点のよりどころの一つとしていた世界から，そうした人間に関する事柄が今や純粋に現世的，あるいは人間の観点から理解される世界へと抜け出す」（Taylor, 2011, pp.52-53, 訳 p.58）ことによって，人間の認識に前進がもたらされることを自明とする発想である。

テイラーはこうした「啓蒙の神話」のわかりやすい例がジョン・ロールズとハーバーマスであり，両者は非宗教的な理性，すなわち世俗的理性に特別な地位を与えている点で共通しているとする。両者の考えでは，まるで非宗教的理性を用いさえすれば，誠実に筋道だって物事を考える人であれば誰でも論理的に満足させることができ，ある種の道徳的・政治的問題を解決することもできるかのようであって，それに対して，宗教に基づく結論はいつもいかがわしく，結局はあやしい教義をあらかじめ受け入れているような人に対してしか説得力はないと言っているように思える，というのがテイラーの不満である（Taylor, 2011, p.53, 訳 p.58）。

テイラーは，宗教に対するこうした態度は偏見であり，公共圏からの宗教の排除という基本理念と，その制度化としての政教分離原則の絶対視につながると指摘する。テイラーは，「『教会と国家の分離』というお題目じみた決まり文句」が，それ自体の是非についての議論を許さず，「あらゆる反論を無効にする究極の断固たる回答」として振りかざされること，具体的には「米国では教会と国家の『分離壁』が究極の判断基準として持ち出され，フランスでは超のつく共和主義者がライシテを殺し文句にしている」（Taylor, 2011, p.40, 訳 pp.41-42）ことが結局のところ宗教的少数者の抑圧につながっていると批判する。

ここで想定されているのは，いわゆるヒジャーブ問題あるいはスカーフ問題と呼ばれるものである。その典型としてよく知られているのが，ムスリムの女子学生がスカーフを被って公立学校に登校することを禁止したフランスの事例であり，公的な場としての公立学校は中立であるべきとする政教分離原則（ラ

第7章　ポスト・セキュラー論で読む宗教判例

イシテ）に厳格に従うことが，結果として信仰上の少数者に対する抑圧として機能してしまっていることなどが問題とされている(5)。

こうした問題を引き起こさないためにテイラーは，世俗主義あるいは国家の中立性とは，いかにして宗教を排除すべきかという問題ではなく，民主国家が多様性にどう対応するかという問題であるとして，3つの原則を提示する(6)。

1．人々が選択したもの，あるいは気がつけば身を置いていたものについて，それがどのような考え方のものであれ，人々が所属し，かつ／あるいは実践することを保障する。
2．人々がいかなる選択をしようとも平等に扱う。
3．すべての人々の意見を聞く。(Taylor, 2011, pp.36-37, 訳 p.36)

テイラーは，宗教に限らず，様々な思想信条に対して，民主国家はこの3原則に照らして対応すればよく，世俗主義的な政教分離を原則とする必要はないとする。たとえ，国家が市民宗教 civil religion のようなものを設定し，何らかの宗教による国家の統合を意図するような動きを示したとしても，そのこと自体が上記の民主国家の3原則に反するのだから，心配する必要はない。ただし，逆に民主国家がことさら宗教を敵視し反宗教的な立場を取ったとしても，同じく3原則に反することになる（Taylor, 2011, p.48, 訳 p.51），というのがテイラーの基本的な趣旨である。

こうした理解の基礎となっているのは，テイラーにとっての歴史理解である。テイラーは『世俗の時代』(Taylor, 2007) において，あくまでも理念型であるとの断りを何度も挟みながら，1500年以降の西欧および北米における宗教史を描き出している。出発点となるのは，個人と聖なるものとのつながりが必然的に教会への所属を必要とし，その教会の範囲がその個人にとっての社会の広がりと重なっていた時代であり，テイラーはこれを「旧デュルケーム的体制」と名づける。しかし，テイラーが「表出的な個人主義 expressive individualism」(Taylor, 2007, p.472) と呼ぶ，個人の感性に重きを置く傾向が徐々にエ

リートから大衆へ広がっていくにつれて，次の「新デュルケーム的体制」の時代（19世紀初頭から1960年代）には，個人が教団を選択するようになる。ただし，社会とのつながりが切れるわけではなく，政治的な実体とのつながりのなかに，己の果たすべき神の与え給うた役割を見出すようなナショナリズム，すなわちより広く，その分捉え難くもなった「教会」的なものと個人が結びついていたとする。

そして，その後から現在に至る「ポスト・デュルケーム的体制」の時代は，個人による選択としての信仰の個人化がさらに進み，こうした宗教と政治的な忠誠とのつながりが失われた時代となる。信仰の対象の神学的な正確さよりも，神や聖なるもの，あるいはニューエイジのようなスピリチュアルなものから個人が得ることのできる感情の強さや真正性が，時代を追うごとに重視されるようになってきたというのである（Taylor, 2007, p.488）。もちろん，「ポスト・デュルケーム的体制」になっても，政治体制や社会に宗教的な基礎を再び確立させようとする「新デュルケーム的」な動きは生じている。だが，そうした動きが生じるということ自体，すでに宗教と政治との暗黙のつながりが失われていることを示しており（Taylor, 2007, p.488），ことさらに宗教のみを警戒する必要はない，というわけである。

(2) ハーバーマスの「翻訳」条件

こうしたテイラーの主張をハーバーマスは，宗教的な理性と世俗的な理性との区別をなくそうとするものであり，自らの立場とは異なるとする（Mendieta and VanAntwerpen, 2011, p.61, 訳 p.64）。テイラーがもっぱら多元主義的状況への対応から民主国家に求められる要件を設定し，国家と宗教の関係ばかりを問題視すべきではないとするのに対して，ハーバーマスは多元主義への対応について同様の見解を共有しつつも，宗教的正統化 legitimation を問題とし続けることで，宗教による国家の権威づけが復活することへの警戒をゆるめない。

市民による民主主義的な自己権限付与は，すでに政治権力の正統化からメ

タ社会的性格を奪っている。言い換えれば、社会を超えて作用する超越的権威による保障をよりどころとして政治権力を正統化することはできなくなっている（Habermas, 2011, p.21, 訳 p.22）。

そのため、すべての宗教共同体を公平に扱う必要が生じたのであり、ハーバーマスにとっては、国家権力が宗教による正統化を離れる、という意味での「世俗化」の流れを逆行させることを説得的に示し得る規範的根拠はまず存在せず、国家権力の正統化が「今日利用できるのは民主的な正統性のみ」（Habermas, 2011, p.24, 訳 p.26）である。このような、国家の正統性と宗教との離別という意味での「世俗化」はハーバーマスにとっての見直しの対象ではなく、テイラーのような政教分離原則の見直しあるいは撤廃が、こうした民主的な正統性を脅かすものであることをハーバーマスは危惧する。

ハーバーマスが「ポスト・セキュラー」の語で見直すべきとする「世俗化」は、これとは別の次元のものである。民主的な正統性とは、より具体的には「多元的市民社会における熟議政治」（Habermas, 2011, p.28, 訳 p.30）への参加であり、そうした「熟議」に加わり、発言でき、一定の影響力を行使する可能性を担保されていること、そしてそのことを参加者である市民が了解し、そうした参加の可能性を担保されていることを感覚することであると理解できる。そうすると、そうした「熟議」から宗教を排除することは、民主国家にとってふさわしい対応とは言えなくなり、むしろそうした排除が民主国家に対する敵意を植えつけてしまうことにもなる。そこで、こうした民主的な討論としての「熟議」の場たる公共圏に宗教的な背景から発言する市民も招き入れるべきであり、そのことが公共圏の多様化と活性化、さらには行政や政治制度の固定化を打破することにつながると、ハーバーマスは期待する。ハーバーマスは「公共圏からの宗教の排除」、「公的な議論の場から宗教的発言を排除すること」という意味での「世俗化」については見直すべきであるとするわけである。

国家権力の宗教的正統化は拒否しつつも、こうした見直しを経て「熟議政治は、非宗教的市民と同じように、宗教的市民が理性を公共的に用いることによ

る成果である」(Habermas, 2011, p.24, 訳 p.25) ことを世俗の側が受け入れ，同時に宗教の側もそうした状況に対応することが，ハーバーマスにとっての「ポスト・セキュラー」であると理解できる。

　以上より，宗教者（特に宗教的少数者）の権利擁護を意図している点において，ハーバーマスとテイラーは共通していることがわかる。また，宗教（特に宗教的多数者）による国家権力の正統化を意図しないという点においても両者は同じである。両者が異なるのは，その2つの目標を導き出すための規範的な理論をどのように構築するか，という点になる。

　テイラーが，先の3原則を宗教，世俗の別なく適用することで2つの目標を達成できるとするのに対して，ハーバーマスは宗教の側に条件を設定する。「宗教的市民が理性を公共的に用いる」と述べているように，ハーバーマスは「宗教的理性」の存在とその価値は認めており，すべての市民は公共圏で宗教的な言語を使用するかどうかを自由に選ぶべきであるとする。ただし，宗教的な言語の使用について以下の条件を課す。

　　それが議会や法廷，行政機関で議題として扱われ，そこでの決定に影響を及ぼすようになるためには，宗教的発話の潜在的な真理内容をあらかじめ誰にでもわかる言葉に翻訳しなければならないことを受け入れる必要がある (Habermas, 2011, p.25-26, 訳 p.28)。

　だが，こうした「翻訳」という条件を設定するだけでは，宗教的市民に対して一方的な負担を課すことになってしまう。そこで，宗教的市民の発言が無視されないためには，他の非宗教的市民も努めて「翻訳」に協力する必要があるとして，宗教的市民，非宗教的市民相互の負担を設定している (Habermas, 2011, p.26, 訳 p.28)。

　これに対してテイラーは，「深い心理的背景に基づいて言説を区別することなどできるのだろうか」(Mendieta and VanAntwerpen, 2011, p.63, 訳 p.67) と疑問を投げかけ，宗教に言及したり宗教的信条を参照したりすることと，マルクス

第 7 章　ポスト・セキュラー論で読む宗教判例

やカントを参照することを区別する必要はないし，区別できるものでもないとする。

　たしかに，ハーバーマスの構想では，まずどの発言が「翻訳」を要する宗教的言説であるのか，すなわち何が「宗教」なのかを特定することになる。あるいは，それが特定できていることが前提となる。そして「宗教的発話の潜在的な真理内容」を理解した上で，それを「誰にでもわかる言葉」に「翻訳」するわけであるから，発言者の意図や趣旨を他者が明確に把握できている必要がある。

　だが，そんなことが可能なのかという疑問がわく。また，発言者本人にとっても，それは必ずしも明瞭ではなく，場合によってはころころと変わることもあり得る。まさにそうした事例として，小泉元首相による靖国神社参拝をめぐる裁判事例を見てみよう。

第 2 節　小泉首相の靖国神社参拝

　2001 年 8 月 13 日，当時の小泉首相は秘書官を伴って公用車で靖国神社へ赴き，同神社の参集所で「内閣総理大臣小泉純一郎」と記帳した上で本殿に進み，本殿において神道式のお祓いを受けた後，祭神に一礼する方式で参拝した。参拝に先立って，「献花内閣総理大臣小泉純一郎」という名札をつけた献花をし，献花料として 3 万円を私費で支出した。参拝後の同日夕方，小泉首相は靖国神社で記者会見し，「今日の日本の平和と繁栄は，戦没者の方々の犠牲の上に成り立っている。数多くの戦没者に対し，哀悼の誠をささげた。A 級戦犯とか特定の個人に対してお参りしたわけではない」と述べた。公式参拝か私的参拝かについては「私はこだわらない。首相である小泉純一郎が参拝した」と語った。これに先立ち，当時の官房長官である福田康夫は小泉首相に代わって，この参拝によって，「わが国の悔恨の歴史を虚心に受け止め，戦争犠牲者の方々すべてに対し，深い反省とともに，謹んで哀悼の意を捧げたいと思います」とする「小泉内閣総理大臣の談話」を発表した（福岡地判平成 16 年 4 月 7 日，pp. 7 - 8）。

157

この参拝を違憲違法であるとして損害賠償を求める訴訟が全国で起こされた。そのうち，2004年4月7日に判決が出された福岡地裁の事例では，国と小泉首相を訴えた原告側が靖国神社について，以下のような見方を示している。首相による靖国神社参拝を違憲とする立場からの靖国神社理解の典型と言えるものである。

　明治時代に国家神道の成立とともに国家神道の頂点に位置するものとして創建されたものであり，天皇のために戦死した者を勲功顕彰するための宗教的施設であった。靖国神社は，日清戦争及び日露戦争を機に，戦死者を英霊として慰霊顕彰し，天皇制への帰依を強化する施設としての機能を発揮し，軍国主義の生成及び発展についての精神的支柱としての役割を果たすとともに，戦争完遂のために戦死を美化する宗教的思想的装置として極めて重要な役割を担った。第2次世界大戦後（中略），靖国神社は宗教法人となったが，国家神道の思想を堅持しており，戦死者を神として崇めることにより，戦死を空襲などによる戦災死などとは明確に区別し，戦死を気高いものとして美化している点において第2次世界大戦前（中略）と何ら変わるところはなく，戦前の国家神道的性格及び軍国主義的性格を継承している（福岡地判平成16年4月7日，pp.1-2）。

　このような「軍国主義的性格」の神社に首相が参拝することが，「靖国神社が国家の宗教である，又は国家が靖国神社を特別に保護しているとの認識を与えるものとして，靖国神社を援助，助長する」（福岡地判平成16年4月7日，p.2）こと，そしてそのことが，さらなる戦死者を生み出し美化することにつながるのではないか，というのが原告側の懸念である。そこで，小泉首相が神道式のお祓いを受けたこと，二拝二拍手一拝という神道式の礼拝ではないが，一礼して祭神である英霊に対して畏敬崇拝の心情を示したことを根拠に，この参拝は宗教活動であり，「国及びその機関は，いかなる宗教的活動もしてはならない」と規定した憲法20条3項の政教分離規定に違反するものであるとして

訴えた。

　これに対して被告である国および小泉首相は，原告側の訴えは訴訟の名を借りて小泉首相個人が有する信教の自由を制限しようとするものであるとして，逆に原告側による小泉首相個人の人権に対する抑圧であると反論した（福岡地判平成16年4月7日，p.4）。また，政教分離規定は制度についての保障であって，直接人権を保障する規定ではないとした最高裁での判例（最大判昭和52年7月13日民集31巻4号533頁，最大判昭和63年6月1日民集42巻5号277頁）を根拠に，政教分離と人権保障は別であるとした（福岡地判平成16年4月7日，p.4）。たとえ，政教分離に違反していたとしても，そのことと基本的人権である信教の自由を損なったか否かは別の事柄であるというのである。

　では，信教の自由について，被告側である国と小泉首相がどのように理解しているのかというと，「信教の自由の保障は，国家から公権力によってその自由を制限されることなく，また，不利益を課せられないという意味を有するもの」（福岡地判平成16年4月7日，p.4）であるという。国家によって信教の自由が侵害されたと言えるのは，国家が信教を理由として不利な扱いをしたとか，何かしら強制したり制止したりした場合であるとする。小泉首相が靖国神社に参拝したからといって，原告たちの信教を不利に扱ったり，特定の宗教信仰を強要したわけではなく，原告たちの信仰する宗教に対して何か妨害を行ったことにはならないのだから，小泉首相の参拝が原告たちの信教の自由を侵害したことにはならない，と言うのである。

　また，参拝直後の記者会見で小泉首相は，公的参拝であるのか私的参拝であるのかについてはこだわらないとして，態度を曖昧にしていたが，裁判では，「私人の立場で行ったものであり，内閣総理大臣の資格で行ったものではなく，公務員の職務行為として行ったものではない」（福岡地判平成16年4月7日，p.4）と，私的参拝であることを主張するようになった。

第3節　テイラー3原則の難点

(1)「信教の自由の侵害」

　以上の事例では，直接的に宗教か世俗かというかたちではないものの，言説の発話者の意図が「私的か公的か」というかたちで「宗教的な行為が私的な領域にとどまったのか，それとも公的な領域に踏み込んだことになるのか」という問題を構成することとなった。深い心理的背景に基づいて言説を区別することなどできるのか，というテイラーの疑問がまさに問題となったと言えよう。

　テイラーが主張するように，宗教か世俗かといった発話者の属性や意図の区別は考慮しないこととして，その発話や行為の結果が基本的人権を侵害しているかどうかのみを問うとすると，ではその「基本的人権の侵害」，この場合は「信教の自由の侵害」をどう捉えるかが次に問題となる。現に，この福岡地裁での裁判では，「基本的人権」のうちに「精神的圧迫を受けない平穏な環境の下で，宗教的活動をし，又は無宗教者として生活する」権利としての「宗教的人格権」を含むか否かが争点となっている（福岡地判平成16年4月7日，p.3）。これは，「信教の自由の侵害」を「精神的圧迫」に広げて解釈しようとするものであるが，実際の判決では，内容がきわめて曖昧であるとして却下されている。

　一方，小泉首相側の反論にあるように，小泉首相の参拝行為が他の国民に対して不利な扱いをすることや，何らかの物理的強制または制止を課すことのみが「信教の自由の侵害」であると理解すれば，小泉首相の行為が直接，他の誰かに同様の靖国参拝を強制したり，他の宗教施設での信仰行為を強制的に差し止めたりしているわけではないので，「信教の自由の侵害」には当たらない，ということになる。むしろ，小泉首相側が主張するように，原告による訴訟そのものが首相の靖国神社参拝という「個人が有する信教の自由」を制限している点で，より直接的な「信教の自由の侵害」に当たる，という理屈になる。

　他方，同じ参拝を含め，その後の参拝（2002年4月21日，2003年1月14日）

について争われた大阪地裁での裁判では（大阪地判平成16年5月13日），小泉首相の靖国参拝に反対する原告側が「世間全般の雰囲気」を問題とする論旨を展開して，「信教の自由の侵害」についての別様の理解を示している。すなわち，現在の日本国憲法のもとで，精神的自由に対するあからさまな物理的強制はほぼなくなった。そのため，信教の自由に対する侵害を何らかの物理的強制があった場合に限るなら，「信教の自由は，何人に対してもこれを保障する」という憲法の規定は，ほとんど機能を果たさなくなる。よって，信教の自由に対する侵害を物理的強制に限るべきではなく，「強制」の今日的意義を検討，理解しなければならない，と原告側は主張し，次のように訴える。

　横並び意識の中で，自分だけは突出していると見られたくないという「世間全般の雰囲気」を作ることは，市民に自粛を作り出すので，市民の魂に向けられた「強制」にほかならない（大阪地判平成16年5月13日，pp.23-24）。

物理的な側面だけでなく，精神的な側面についても，精神の自由である「信教の自由」に関しては考慮すべきである，と言うのである。そして，首相による参拝は，靖国神社がほかの神社とは別格の神社であるという印象を広め，靖国神社の宗旨である戦死の賛美を批判しにくくさせ，自粛せざるを得なくさせるという「世間全般の雰囲気」を作り出すことになる。よって，これは精神の自由，信教の自由を侵害する「強制」にほかならない，というのが原告側の主張である。これは，ハーバーマスが懸念する国家権力の宗教による正統化の問題に通じる点であると言えよう。ただし，実際の判決ではこの「世間全般の雰囲気」という論点は，そうした「雰囲気」が作り出されたと認めるに足る証拠はない，としてしりぞけられている。

（2）テイラー3原則と「正統化」

　この事例から明らかになるのは，テイラーが提案するように政教分離原則を破棄し，信教の自由の保障のみを問うとしても，今度はその「保障」のあり方

が争点となるということである。先に見たテイラーによる民主国家の3原則からすると、まず「3．すべての人々の意見を聞く」については、「意見を聞く」だけであれば、こうした裁判の場で靖国参拝に反対する意見が述べられれば、それを聞いたことになるのか、「すべての人々」には首相として本来は民主国家を代表すべき人物も含まれるのか、含まれるとして、それはどのような含まれ方なのか（私人と公人をどう切り分けるのか、あるいは切り分けないのか）など、次々と新たな論争点が生じてしまう。

一方、「1．人々が選択したもの、あるいは気がつけば身を置いていたものについて、それがどのような考え方のものであれ、人々が所属し、かつ／あるいは実践することを保障する」となるので、小泉首相が自然に抱いた見解から実行に移されたものとしての靖国神社参拝は容認されるべきものとなり、「2．人々がいかなる選択をしようとも平等に扱う」ので、たとえ首相であっても一人の平等な市民として扱われるべき、すなわち靖国参拝は容認されるべき、となる。よって、首相が特定の宗教への礼拝行為によって、国家と特定の宗教との特別な関係と危惧されるような行為、あるいは少なくともそのように危惧する人々から訴訟を提起されるような行為を示したとしても、それだけで問題視する必要はなく、そうした特別な関係が他の宗教を信仰する人々の「自然に抱く見解」やそれに基づく行為を実行することを妨げるのでなければ、民主国家の根幹が揺らぐことはない、という理屈になる。

だが、「世間全般の雰囲気」という問題提起によって懸念されているのは、国家と特定の宗教との特別な関係を危険視したり問題視したりすべきではない、という思いが、人々にとって「自然に抱く見解」となってしまう事態である。こうなってしまうと、「2．人々がいかなる選択をしようとも平等に扱」ったところで、そうした選択自体が前もって「世間全般の雰囲気」によって規定されていることとなり、「3．すべての人々の意見を聞く」としても、その意見もまた、前もって「世間全般の雰囲気」によって規定されていることとなる。「世間全般の雰囲気」が醸成されることによって、ハーバーマスが懸念する国家権力の宗教による正統化が進められたとしても、テイラーの構想では歯止め

第7章　ポスト・セキュラー論で読む宗教判例

が利かないのである。

　では、ハーバーマスの提唱する案でなら、国家権力の宗教的正統化の台頭を防ぐことができるのだろうか。今一度事例に戻った上で検討しよう。

第4節　靖国神社国家護持運動における「翻訳」

(1)「宗教的基礎づけ」としての靖国神社国家護持運動

　第2次世界大戦後、靖国神社は宗教法人の1つとなったが、その後も、靖国神社を国によって維持し、天皇や総理大臣による公式参拝を実現させようとする動きは繰り返し現れている。こうした動向について、福岡地裁判決では以下のような事実の認定が行われている（福岡地判平成16年4月7日、pp.5-6）。

　まず、いわゆる「神道指令」によって、それまでの「国家神道」が廃止されたことにより、靖国神社は国家的な施設としての性格を喪失した。これに対して日本遺族厚生連盟は、1952年6月、戦犯者の靖国神社への合祀を求める運動方針の大綱を定め、第4回全国戦没者遺族大会で、靖国神社の慰霊行事に対する国費の支弁を求める旨の決議をし、靖国神社の国家護持を要求した。日本遺族厚生連盟は、1953年に財団法人日本遺族会に組織変更するが、その際、会の目的を「英霊」の顕彰とするようになり、これをきっかけに日本遺族会および靖国神社が協力し、さらに国会議員も加わって靖国神社の国家護持運動が起こった。1969年には、靖国神社の国家護持を目的とする靖国神社法案が自民党議員による議員立法の形で国会に提出されるが、廃案となる。同案はこの後4回提出されるものの、いずれも廃案となり、1974年に自民党は法制化を断念している。

　こうした動きは、まさにハーバーマスの言う「民主主義と法の支配に何らかの公共的な宗教的基礎づけを確保しようという衝動」（Habermas, 2011, p.23, 訳 p.24）であり、国家制度としての議会へ宗教が持ち込まれた事態である。

　信仰上の確信に関する争いを議会に持ち込んでもよいということになれば、

国家権力が，民主的手続きをないがしろにして自分たちの意志を押し通す宗教的多数派の代理機関になる可能性が出てくる（Habermas, [2005] 2009, pp. 139-140, 訳 p.153）。

よって，ハーバーマスの論からすれば，こうした動き自体は，「すべての宗教共同体の主張を公平に扱う」（Habermas, 2011, p.21, 訳 p.22）という世俗国家に求められる要件にそぐわない要求を掲げるものとして否定されるべきものとなる。

ハーバーマスは，こうした国家と宗教の結合を防ぎつつも，宗教的発話を公共圏から排除しないための「制度的なフィルター」（Habermas, 2011, p.26, 訳 p.28）として，先に見た「宗教的発話の潜在的な真理内容」の「誰にでもわかる言葉」への「翻訳」を設定したわけである。だが，この宗教的発話の「翻訳」については，様々な問題点が指摘されている。例えば，そもそも言説の核心部分が理解できない以上，そこから導き出される宗教的根拠が世俗的根拠へ「翻訳」されることで理解可能になるとは考えられない（木部，2013, pp.75-76）などである。

こうした批判は，「翻訳」がハーバーマスが意図するほど，うまくはいかないことを指摘したものであるが，では，「翻訳」がうまくいけば，問題はないのだろうか。

(2)「翻訳」としての靖国神社国家護持運動

1980 年代に入って，中曽根康弘首相の靖国参拝が問題となった際，1984 年に官房長官の私的諮問機関として設置された「閣僚の靖国神社参拝問題に関する懇談会」は翌 1985 年に報告書をまとめているが，そのなかで戦没者の追悼について以下のように記している。

戦没者の追悼を行うことは，（中略）宗教・宗派，民族・国家の別などを超えた人間自然の普遍的な感情である。このような追悼を，国民の要望に即

し，国及びその機関が国民を代表する立場で行うことも，当然であり，(中略) 国民や遺族の多くは，戦後40年に当たる今日まで，靖国神社を，その沿革や規模から見て，依然として我が国における戦没者追悼の中心的施設であるとしており，したがって，(中略) 内閣総理大臣その他の国務大臣が同神社に公式参拝することを望んでいるものと認められる（国立国会図書館調査及び立法考査局, 2007, pp.1123-1124；福岡地判平成16年4月7日, p.7，強調は引用者による）。

考えようによってはこれを，「明治天皇の宣らせ給うた『安国』の聖旨に基き，国事に殉ぜられた人々を奉斎し，神道の祭祀を行ひ，その神徳をひろめ，本神社を信奉する祭神の遺族その他の崇敬者（以下「崇敬者」といふ）を教化育成し，社会の福祉に寄与し，その他本神社の目的を達成するための業務を行ふことを目的とする」（福岡地判平成16年4月7日, p.5；靖国神社, 1984, p.251）という昭和27年9月30日制定の靖国神社規則や，同日に定められた靖国神社社憲の第2条にある，「本神社は御創立の精神に基き，祭祀を執行し，祭神の神徳を弘め，その理想を祭神の遺族・崇敬者及び一般に宣揚普及し，社運の隆昌を計り，万世にゆるぎなき太平の基を開き，以て安国の実現に寄与するを以て根幹の目的とする」（福岡地判平成16年4月7日, p.5；靖国神社, 1984, p.244）というような「宗教的発話」を，「誰にでもわかる」世俗的な意味に翻訳したものと捉えることは，不可能とは言い切れない。さらには，こうした「宗教的発話」の「人間自然の普遍的な情感」への「翻訳」は，ハーバーマスも認める「世俗的公共に潜んでいた倫理的直観が，感動的な宗教的発言によってあらわに」（Mendieta and VanAntwerpen, 2011, p.65, 訳 p.69）った事例の1つであるという主張がなされることすら想定される。

だとすると，「翻訳」によって，かえって宗教的基礎づけが「国及びその機関」に入り込む可能性が高まっていることになる。この場合，「翻訳」は宗教者の声を公共圏へ届けるというよりも，「宗教」であることを隠蔽するものとして機能している。「宗教的発話」が「翻訳」されることによって，宗教的な

色合いが脱色され，国家と宗教の結びつきという問題点がぼかされることで，宗教的基礎づけが国家制度に入り込む可能性は，むしろ高まるのである。さらに，「閣僚の靖国神社参拝問題に関する懇談会」報告書で，「国民や遺族の多く」とされているように，この「翻訳」は，「翻訳」によってハーバーマスが防ごうとしたはずの，「宗教的多数派」の「意志を押し通」そうとするものともなっている(7)。

　もちろん現実には，こうした「翻訳」や主張がなされた上で，メディアや「議会や法廷，行政機関で議題として扱われ」(Habermas, 2011, p.25, 訳 p.28)，こうした主張が実現するかどうかを左右することになる。実際，この懇談会報告によって閣僚の靖国神社参拝が全面的に容認されるようになったわけではない。

　だが，これは，ハーバーマスが求める「熟議政治」なのだろうか。ハーバーマスは，真にリベラルな政体とは，「学習のプロセス」(Habermas, 2011, p.28, 訳 p.31) であるとしており，厳格な政教分離原則をドグマとする世俗主義に固定したものではなく，宗教との対話にも開かれ，その対話によって学習することで発展していくことを理想としている。

　　合意に至るためのすべての過程がそうであるように，多方面にわたる意志形成の過程にとって鍵となるのは，自らの観点を中心に置こうとはしない心構えである。大切なのは，他者を転向させることではなく，相互学習の過程に引き込むことであり，そうすることで，それぞれの参加者の特定の見方は，それまで以上に広く，共有された地平の上で，他のすべての人の見方と融合していくこととなる (Habermas, 2012, p.160, 英訳 p.375)。

　世俗と宗教が補い合いながら互いに学習し合うことで，双方の「地平」を広げていくことをハーバーマスは求めているわけだが，靖国神社国家護持の主張によって，世俗と宗教双方の「地平」が広がっているなどとは言い難いであろう。むしろ，靖国神社による宗教的基礎づけを求める側は，自らの観点を中心化するために「翻訳」的なレトリックを用いているように見える。

「翻訳」によって宗教的発話を公共圏に受け入れるというハーバーマスの「好意」は，宗教的多数派に対しては必ずしも望んだとおりの結果を生むわけではなく，「翻訳」という「制度的フィルター」がそのままで国家の宗教的正統化に対する防波堤になるわけではないのである。

第5節　限界と可能性

　以上，本章では，テイラーとハーバーマスの討論を，実際に生じた裁判での争点と突き合わせるかたちで，「ポスト・セキュラー」論の問題点を検討した。まず，スカーフ問題のような宗教的少数者の権利擁護という問題については，両者の意図するところに大差はなく，共に政教分離原則によって少数者の権利が切り捨てられることを問題視していることに変わりはない。だが，そこから先は異なる。テイラーが政教分離原則を不要とし，そもそも「宗教」と「世俗」の区分も無意味とするのに対して，ハーバーマスは「宗教」を「世俗」から分別し，公共圏や国家政体といった公的領域をあくまでも世俗的領域とした上で，そこに宗教が参入するための条件を提示する。

　とはいえ，先に見たようにハーバーマスの設定する「翻訳」によって，国家の宗教的正統化が完全に阻止されるとは言い難い。そこで，ハーバーマスはさらなる防波堤として宗教，非宗教双方ともに「きわめて要求水準の高い知的態度」(Habermas, 2011, p.26, 訳 p.29)を求め，宗教に対しては公共圏への参入資格を持つ「宗教的市民」であるための3つの条件を提示する。

> 相容れない宗教と道理をわきまえて関わること，
> 日常的知識に関する決定を制度化された科学に委ねること，そして，
> 人権の道徳規範である平等主義の前提を自らの宗教的信条と両立させること。
> (Habermas, 2011, pp.26-27, 訳 p.29)

　こうした条件を課すことによって，宗教を公共圏から排除せず，同時に国家

制度や国家の正統性と宗教との分離という意味での政教分離原則は堅持しよう，というのがハーバーマスの案である。

だが，「道理をわきまえて」いるか否かはどのようにして決めることができるのだろうか。一方にとって「道理をわきまえて」いるつもりが，他方にとっては「道理をわきまえて」いないことは，むしろ一般によくある事態であり，何をどうすれば「道理をわきまえて」いることになるのか自体，争いの対象である。同様のことは「日常的知識」とは何かという点についても想定される。

あるいは，それもまたコミュニケーションによって「熟議」すればよいのかもしれない。だが，上記の条件は宗教的市民として公共圏に参入するための条件となっていることから，「熟議」への参加以前の条件として設定されていると考えざるを得ない。これでは，導き出すべき状態があらかじめ前提とされていることになってしまう。

また，平等主義の前提と宗教的信条の「両立」に関しても，ある宗教は十分「両立」しているつもりでも，世俗の側からは不十分と見なされるような場合，その宗教は「宗教的市民」として公共圏に参入する資格を持たないこととなる。だがそれは，対話すべき相手を世俗の側があらかじめ選別していることを意味する。これでは，実質的に公共圏は同質化されることとなり，ハーバーマスが意図していたはずの「多数の声からなる公共性」(Habermas, 2001, p.22, 訳 p.276) からは遠ざかってしまう。

さらには，そもそも何をもって「宗教」と認定するのかも問題となる。もちろん，宗教法人として公的に認められていれば，その団体は「宗教」であると見なすことができる。だが，宗教法人ではなくとも一般的な通念からすれば「宗教」と認識されるものはいくらでも存在している。また，宗教法人化される以前，靖国神社や神道が「宗教」のカテゴリーには含まれないものとされていた「神社非宗教論」が国家の宗教的正統化と不可分であったという問題もある。

これは，公共圏への参入に「翻訳」の条件を課されるべき「宗教」をどのように認定するのかという問題とも捉えられる。すなわち，何をもって「宗教的

発話」と見なすのかが問題となる。そして,それが世俗的言語に「翻訳」され,「誰にでもわかる言葉」になったかどうかを,誰がどのように判定するのかも論争の対象とならざるを得ない。「宗教」と「世俗」の区分設定自体,公共圏での討議の対象なのである。もっとも,この点をハーバーマスは認識していると思われる。「信仰と知識」では,たった一言ではあるが,「世俗的根拠と宗教的根拠の境界線は,いずれにせよ流動的です」(Habermas, 2001, p.22, 訳 p.276)と述べられている。

テイラーは,こうした「宗教」と「世俗」の境界線が流動的であるということから,一気に「宗教」と「世俗」の区別にこだわることをやめるよう訴えているわけだが,それで問題が解消するわけではない。首相の靖国神社参拝は,「人間自然の普遍的な情感」からの「追悼」であって,特定の宗教の「援助,助長」ではないとして認められることとなり,そうした参拝に反対する声は結果的に抑圧されることになってしまう。このこと自体,テイラーの3原則に反することになってしまうのである。また,靖国神社のような歴史的背景が存在している場合,テイラーの案は,そうした歴史的背景を問題視する立場から激しく抗議される可能性がある。そのため,テイラーの案はラディカルではあるが,現実的とは言い難い。

むしろ,ハーバーマスの案のほうが,様々な問題ははらみつつも,実は現実に行われていることに近い。先に,靖国神社国家護持の主張を「翻訳」の例として取り上げたが,逆に見れば「翻訳」もしくはそれに近いことはすでに実際に行われている,ということでもある。また,コミュニケーションという点に関しては,本章で取り上げた福岡地裁判決自体が,議論というコミュニケーションによる「熟議」の一環として機能することが意図されていた。判決は,原告らの請求は棄却したものの,小泉首相の靖国神社参拝については違憲の判断を示すものであった。違憲判断を示した理由について判決は,首相による靖国神社参拝の合憲性が以前から取り沙汰され,過去に違憲性を強く疑う判決も出されていたにもかかわらず,「本件参拝は,靖国神社参拝の合憲性について十分な議論も経ないままなされ,その後も靖国神社への参拝は繰り返されてき

た」ことを挙げる。こうした事情に鑑みると，違憲性についての判断を回避すれば，議論もなされないままの参拝がさらに繰り返される可能性を危惧したというのである（福岡地判平成16年4月7日，p.13）。

こうした，まさに「おおかた世俗化された，あるいは脱教会化された諸社会」に「宗教共同体が存在し続けている」（Habermas, 2012, p.121, 英訳 p.348）ことへの対処を迫られた「ポスト・セキュラー」な状況での指針を示す批判的参照基準としてこそ，ハーバーマスの案は機能すると捉えるべきなのであろう。ハーバーマスの案は，それ自体が規範として機能すべきものとして提示されているのであって，規範理論の現実への介入的作用を期待したものと言える。それが実現するかどうかにかかわらず，そうした態度を求め続けていくしかない性質のものなのである。そこから先の問題，ではその規範を求める態度をどのように行き渡らせ，持続させていくのかは，残された課題となっている。

〈注〉
（1）例えば，ホセ・カサノヴァは世俗化論の構成要素を3つに分けた。まず1つ目が，中心命題としての「分化」であり，これは近代化に伴って宗教的領域と，政治や経済など他の諸領域がそれぞれ特殊化して分かれることである。そしてこの「分化」から派生した下位命題として整理できるのが「宗教の衰退」と「宗教の私事化」であり，カサノヴァはこれらを分けて考えるべきであるとした（Casanova, 1994, pp.19-20, 訳 p.31）。
（2）ただし，一言で「ポスト・セキュラー」と言っても，この語が拡散するにつれて多様な意味で用いられるようになった。こうした状況を受け，ジェイムズ・ベックフォードは「ポスト・セキュラー」に関する議論を6つに分類している。①世俗化論批判，②「世俗」の建設的凌駕（世俗と宗教双方の利点による新たな考え方の構築），③文化の再呪術化，④宗教の公的な復活，⑤ユルゲン・ハーバーマスを中心とする議論，⑥「ポスト・セキュラー」論批判（Beckford, 2012）。ここで，これらについて詳しく立ち入ることは避けるが，②と③を見比べるだけでも，真逆の議論が含まれる可能性をうかがうことができる。②が世俗化ないしは世俗主義を否定するのではなく，その到達点と宗教との接合・融合の可能性を探ろうとしているのに対して，③は世俗化の過程が止まり，逆行しようとしていると捉えているのである。あるいは，⑤で挙げられているハーバーマスは，「世俗化が終了した後」という意味ではなく，「世俗化が生じたその上で」といった含意で「ポスト・セキュラー」と言っているなど，言葉は同じでも，そこに込められたニュアンスは論者ごとに多様である。こうした状況は，かつての世俗化についての議論のなかに実際には世俗化が生じていることを肯定しているものもあれば，否定しているものもあり，にもかかわらず一括りに「世俗化論」と呼ばれたことと似通っている。かつての「世俗化論」において議論がかみ合わず，「世俗化論」全体としては何を言わんとしているのか不明になってしまった

ように，同じ「ポスト・セキュラー」の語が使われていても論旨は食い違い，議論もすれ違いになりかねないのである。こうしたことからベックフォードは，「ポスト・セキュラー」の語がイギリス社会の分析には，ものの役に立たないことを辛辣に批判している。
（3）ただし，テイラー自身が「ポスト・セキュラー」の語を積極的に使用しているわけではない。
（4）原題を直訳すると『公共圏における宗教の力』。以下，訳文は適宜改訳している。
（5）例えば，内藤・阪口（2007）参照。
（6）ここで取り上げている論文を後に書き改めたものでは，この3原則は以下のようになっている。①宗教や基本的な信条の領域では，誰も強制されることがあってはならない。これはしばしば宗教の自由と定義されるものであり，もちろん信仰しない自由も含まれる。②異なる信仰や基本的な信条を持つ人々は平等でなければならない。いかなる宗教的な考え方，または世界観（それが宗教的であれ非宗教的であれ）も特権的な地位を享受してはならず，まして国家の公的な見解として採用されることなどあってはならない。③すべての精神的な集団が耳を傾けてもらうことができ，社会（の政治的アイデンティティ）をどうするのか，そしてその目標（諸権利と特権についての適確な体制）の実現に向けてどう進めるのかを決定する過程に参加できねばならない。さらに，これらに加えて④異なる宗教や世界観の支持者の間での協調的で礼節をわきまえた関係を維持するよう，我々は出来得る限り努める，という目標が添えられている（Taylor, 2014, p.60）。
（7）あるいは，ハーバーマスの翻訳論に依拠すれば，より中立度の高いさらなる「翻訳」が要求されると理解することもできる（一橋大学・深澤英隆教授のご教示による）。その場合，宗教的多数派による正統化という点をそぎ落とすまでの中立化が必要とされることになると想定される。だが，そうすると，ではどこまで「翻訳」すれば，そうした中立化が達成されたことになるのか，何をもって宗教的正統化がそぎ落とされたことになるのか，といった点の判定基準がさらなる検討課題となる。

〈参考文献〉

木部尚志「共同翻訳と公共圏のポリフォニー――ハーバーマスの〈ポスト世俗社会〉論」『年報政治学』2013-Ⅰ，木鐸社，2013年6月。

国立国会図書館調査及び立法考査局『新編　靖国神社問題資料集』国立国会図書館，2007年。

内藤正典・阪口正二郎編著『神の法 vs. 人の法』日本評論社，2007年。

靖国神社『靖国神社百年史　資料篇下』靖国神社，1984年。

Beckford, J. A., "SSSR Presidential Address Public Religions and the Postsecular: Critical Reflections", *Journal for the Scientific Study of Religion*, 51, pp. 1 -19, 2012.

Casanova, J., *Public Religions in the Modern World*, The University of Chicago Press, 1994.（津城寛文訳『近代世界の公共宗教』玉川大学出版，1997年）。

Habermas, J., *Glauben und Wissen*, Suhrkamp, 2001.（大貫敦子・木前利秋・鈴木直・三島憲一訳『引き裂かれた西洋』法政大学出版局，2009年）。

―――, *Zwischen Naturalismus und Religion*, Suhrkamp, [2005] 2009.（庄司信・日暮雅夫・池田成一・福山隆夫訳『自然主義と宗教の間』法政大学出版局，2014年）。

―――, "The Political": The Rational Meaning of a Questionable Inheritance of Polotical Theology", in *The Power of Religion in the Public Sphere*, edited by Mendieta, E. and

VanAntwerpen, J., Columbia University Press, 2011.（箱田徹・金城美幸訳『公共圏に挑戦する宗教——ポスト世俗化時代における共棲のために』岩波書店，2014 年）
————, "Religion und nachmetaphysisches Denken. Eine Replik", *Nachmetaphysisches Denken II*, Suhrkamp, 2012. = "Reply to My Critics", in *Habermas and religion*, edited by Calhoun, C., Mendieta, E. and VanAntwerpen, Polity, 2013.
Mendieta, E. and VanAntwerpen, J. (eds.) *The Power of Religion in the Public Sphere*, Columbia University Press, 2011.（箱田徹・金城美幸訳『公共圏に挑戦する宗教——ポスト世俗化時代における共棲のために』岩波書店，2014 年）
Taylor, C., *A Secular Age*, The Belknap Press of Harvard University Press, 2007.
————, "Why We Need a Radical Redefinition of Secularism", in *The Power of Religion in the Public Sphere*, edited by Mendieta, E. and VanAntwerpen, J., Columbia University Press, 2011.（箱田徹・金城美幸訳『公共圏に挑戦する宗教——ポスト世俗化時代における共棲のために』岩波書店，2014 年）
————, "How to Define Secularism", in *Boundaries of Toleration*, edited by Stepan, A. and Taylor, C, Columbia University Press, 2014.

〈判例〉
福岡地判平成 16 年 4 月 7 日裁判所 HP 参照（平成 13 年（ワ）第 3932 号）
　　http://www.courts.go.jp/app/files/hanrei_jp/141/008141_hanrei.pdf
　　（2015 年 4 月 19 日アクセス）
大阪地判平成 16 年 5 月 13 日裁判所 HP 参照（平成 15（ワ）1307）
　　http://www.courts.go.jp/app/files/hanrei_jp/591/006591_hanrei.pdf
　　（2015 年 4 月 19 日アクセス）

（住家正芳）

第8章
アメリカ批判理論の最前線
―――ナンシー・フレイザーへのインタヴュー―――

第1節　アクティヴィストとしての出発点

日暮：こんにちは，今日はどうもありがとうございます。いくつか質問させてください。最初に，あなたの思想を形作ったいくつかの経験についてお聞かせくださいませんか。

フレイザー：一番重要なことは，私が，メリーランド州のボルティモア（Baltimore）で育ったことです[1]。そこは，「北」南部で，ジム・クロウ法による法的な人種的隔離政策が取られていた都市です。人種的隔離政策反対の闘争は，私の少女期と青年期を形作った経験です。私にとっては，人種のすべての問題，正義の問題と正義をめぐる闘争は，仕事の中心であり続けました。これは重要なことです。そしてその後数年して，私はベトナム戦争反対運動の新左翼的アクティヴィストとなりました。

私は60年代の後半大学にいて，徴兵反対運動と「民主主義社会を求める学生連合（Students for a Democratic Society）[2]」で活動し，そこからフェミニズム運動に加わりました。実際，私は大学を卒業し5年後に博士号取得のために帰ってくるまで大学から離れていました。私は根っからのアクティヴィストで，ニューヨーク市で借家人の権利と住宅に関わる裁判の問題に従事していました。だから，肝心な点は，私の哲学的で知的なすべての著作は，こうした歴史や関心から生じているということです。私は，ブリン・マール大学（Bryn Mawr College）で古典と哲学を学んで学位を取得して，それからアクティヴィストの

時期を経て，ニューヨーク市立大学で哲学の博士号を取得しました。

日暮：博士論文のタイトルは何ですか？

フレイザー：『競合する歴史記述の調停（*Adjudicating Competing Historical Descriptions*)』です。しかしこれは，歴史哲学についての研究です。私がこのころ関心を持っていたのは，トーマス・クーンの科学哲学の著作であり，科学における競合するパラダイムという彼の思想は非常に広く議論されていました。そして私は，この競合するパラダイムという考えを歴史記述に適用できないか，できるとすればどのようにしてか，ということに興味を持ちました。そこで私が1848年のフランス革命に関わる気に入った本を取り上げながら追求したのは，これらの本のなかに信頼できる語りや，良い説明とされるものに対する深く多様な根本想定があり得るとしたら，そのうちのどれが正しく（true）どれが間違っている（false）と判断・調停できるだろうか，ということでした。そこで私は，マルクス，トクヴィル，プルードン，ビクトル・ユーゴー，作家ギュスターヴ・フローベール，そして20世紀の歴史家たちについて書いたのです。楽しかったですよ。それはすでに，学際性に対する私の関心を示していると言えるでしょう——私は純粋な哲学者だったことはありません。ずっと，歴史，社会学，社会理論，文化に興味を持ってきました。

　大学院を卒業してすぐに，フーコーを勉強し始めました。私は非常に興味を持ちました。彼はアメリカで広く読まれ，議論され始めたばかりでした。最初の英訳本がその頃出て，私はその凄さにまったく圧倒されました。同時にそれが，私がそれまで主として依拠していた西欧的なヘーゲル／マルクス主義のパラダイムに対する全面的な挑戦であると気づきました。私が興味を抱いていたのは，競合するパラダイムが善き社会理論とはいかなるものであるべきかについての基本的想定を共有していないとき，それらをいかにして調停できるのか，という問題でした。競合するパラダイムの調停問題に関するパースペクティヴを，私の全知的キャリアを通じて見出すことができると思います。その後パースペクティヴの軸はもちろん，ハーバーマス対フーコー，再分配-対-承認，ポスト構造主義-対-批判理論へと変わりました。私は，力強く啓発的で有益な多

くのものの考え方，つまり批判モデルに出会ったとき，いつもそれを考えてきました。私は，択一を強いられること――1つしか選ぶことができず他は捨てなければならないという考え――が嫌いなのです。だから私はいつも，いかにして総合・統合は可能なのかについて考えようとしてきたわけで，それが私の仕事の特徴となっています。

第2節　資本主義の総体的把握――マルクス読解

日暮：あなたは資本主義を「制度化された社会秩序（institutionalized social order）」（Fraser, 2014a, p.11）と定義しています。この論文では，「資本主義は，それぞれ独自でありながら相互関連的でもある社会的存在論からなる明確な複数性を包摂しながら，規範的に分化している社会である（capitalist society is normatively differentiated, encompassing a determinate plurality of distinct, but inter-related social ontologies）」（Fraser, 2014a, p.12）とされています。これは生産のパラダイムによって把握されるだけでなく，3つの重要な背景となる条件，それぞれ社会的再生産，地球エコロジー，政治権力と関わる3条件で把握されています。私はこの資本主義に対する多様な理解から多くを学びました。この資本主義概念はどこからきたのでしょうか。この概念の理論的コンテクストについて伺いたいです。

フレイザー：ええ，これは一番新しい論文ですね。この論文は今回このように形にしましたが，長い間このことを考えていました。もし「これがどこから来たのか」と聞かれるならば，生涯の思考から生まれた，と言えるでしょう。私を今のような方向に突き動かしたのは，直接には2つの経験でした。

　1つは2, 3年前のことで，「マルクスを読む」と呼ばれるコースをニュー・スクールの哲学部で准教授をしていたシンシア・アルーザ（Cinzia Arruza）と一緒に持ったときのことでした。私たちはこのクラスを一緒に教えましたが，ディスカッションを通じてわかったのは，『資本論』（マルクス, 1968）には，マルクスが自然の問題，家族や不払いケア労働や社会的再生産の問題，政治の

問題を指摘した多くの箇所が含まれていることでした。労働日をめぐる闘争に関わる章は，賃金は需要供給の純粋に経済的な法則ではなく，政治的闘争によって決定されることを示しています。とにかく，マルクスがこれらのことの重要性を認識している多くの箇所を検討してみたのですが，それらは決して体系的に展開されているわけではありませんでした。私は，この考えを体系的に展開するのは有益だろうと思いました。私はまず，『資本論』の第一巻の終わり近くの，いわゆる原初的あるいは本源的蓄積についての章を取り上げました。資本の経済的論理を何百頁もかけて説明した後で，マルクスはいきなり，資本はどこから来たのかというまったく新しいパースペクティヴを導入したのです。どのように労働者たちは生産手段から分離されたのか？ いかにして最初の蓄積が始まったのか？ そこから私たちは，（土地の）収奪（expropriation），立ち退き（dispossession），囲い込み（enclosure），本源的蓄積の時期の背後に存在したある種の暴力についてのすべての考えを見ることになります。もちろん私たちは長年デヴィッド・ハーヴェイを読んできました。彼はこの種の立ち退きが最初の頃に進行していただけではなく，資本主義の全歴史を通して進行してきたし未だに進行中だ，と論じています（Harvey, 2010, p.58f., 訳 p.84f.）。私はこの考えを面白いと思いました。そうして私は，長さという点では均等ではありませんが，基本的に3つのセクションに分かれている『資本論』の読みを展開しました。

　第1のセクションは，商品についての最初の二章であり，市場における［商品］交換と流通のパースペクティヴについてです（マルクス，1968, pp.47-124）。このセクションの要点は，私たちが市場に関するパースペクティヴに留まる限り，利潤や剰余蓄積がいかにして可能なのかを真の意味で理解することができないということを示すことでした。そうではなくて，もっと深く考えなくてはならないのです。この点こそがマルクスが言う「資本の隠れ家」へと入って行かねばならないところであり，本当の秘密を知ることができるところです。これは，『資本論』第一巻第二篇以下（マルクス，1968, pp.191-410）に当たり，長い部分です。それから第3のセクションは，本源的蓄積に関するものです（マ

ルクス，1968, pp.932-996)。生産のパートはすべてを語ってはいません。それよりもさらに深い「より隠れた」パースペクティヴがあるのであり——これが本源的かつ原初的蓄積なのです。

このようにして私は，交換，搾取，（土地の）収奪について考えました。一つひとつが深められて行くのであり，これがいわばマルクスの方法なのだと思います。それから，「同一の方法を他のいくつかのレベルに適用し，もっと深く行ってみようではないか」と考えました。まさにそのとき，生産よりさらに深い社会的再生産の領域における搾取の背景となっている条件を見なければならないと思ったのです。エコロジー，自然の領域はもっと深いところにあるのです。政治権力は，労働力の搾取にとっての必然的な背景であり基本的前提であって，これが一番深いレベルです。以上のようにして私は［現在に至る］発想を得たのですが，私はこのような発想が［今でも］実り多いと考えていますので，それをさらに発展させていくつもりです。

私はこれまでもこのような線に沿って考えきましたが，それは私と近い考えのカール・ポランニーについて教えたり読んだりしてきたからでした。ポランニーは資本主義についての現実的な概念を持っていませんが，おそらく，市場は——彼の言葉では——他の諸形態に，すなわち社会制度，規範，文化的理解からなる諸関係に規範的に「埋め込まれ（embedded）」ていると考えていました。そしてこれら諸形態は，市場が機能するための必然的な背景を構成しているのです。それからポランニーは，完全に自己制御的な市場という——規範，社会制度や文化的関係に埋め込まれていないという——極端な概念が生まれたとき，何が起こり始めるかを示しました。つまり，市場が自分のしっぽに噛みつくんです——市場が自分の可能性の必然的な条件を攻撃するのです。ですから，ここには私がこの論文で展開した考えとすでに近いものがあったのです。私はポランニーとマルクスを読み，今日の危機について考え，危機に関するより豊かな複合的な見方を展開できないか，と思いました。それは，伝統主義的なマルクス主義者が考えているように，［危機が］経済的矛盾に制限されていたり根付いていたりとする見方ではなく，その代わりに，エコロジー的な危機

177

と政治的危機とを統合できるようにするものです。そのためこれは新しいプロジェクトにおける最初の論文なので，もっと先まで行かねばならないです。

日暮：あなたは，自分の仕事をマルクスの補完と考えていますか。マルクスがこれらの考えをすでに持っていたと思いますか。それとも，あなたが新しいパースペクティヴを発見したのでしょうか。

フレイザー：ええ，それについて私がどのように考えているか，お話ししましょう。私がこの論文に書いたことでマルクスが拒絶することは何もないと思います。マルクスの見方は受け入れられるし，それから相対化されるべきでしょう。マルクスの見方は，公的な経済の前景となるダイナミクスの正しい説明だと言えるでしょう。しかし，私がしようとしたのはそれをマルクスよりももっと体系的な仕方で発展させることで，前景となる経済が——彼が言うように——機能するためには，背景となる必然的諸条件がなければならないという考えです。

　ちょっと大げさなアナロジーになるかもしれませんが，ニュートンとアインシュタインの関係を使えるでしょう。ニュートンは，私たちが理解しようとする対象の動きが非常に小さかったり大きかったりはしない場合の力学的メカニズムを解明しました。それは中間レベルでは，非常にうまく機能しました。しかしアインシュタインが現れて，これは時間空間の一部分に過ぎず，ニュートンのメカニズムを，相対性理論のより広い図式のなかに置き直さなければならないと言ったのです。マルクスは偉大なことを言っているのですが，しかし，より広い社会世界を作り上げている，それ以外のいろいろな事柄が存在するのです。彼はそれらを知っていましたし，時折注意を払っていました。しかしマルクスは，それらについては，さらにそれらが経済的前提にいかに関係しているかについては体系的な理論を作りませんでした。それこそが私がしようとしていることなのです。

第3節　ポスト・ウェストファリア的正義のフレーム——「代表」

日暮：第3の質問です。『正義の秤』(Fraser, 2008) のなかであなたは、正義の3つのフレームワークとなるパースペクティヴを挙げています。それらは、再分配 (redistribution)、承認 (recognition)、代表 (representation) です。代表は、グローバリゼーション時代におけるポスト・ウェストファリア的正義のフレームに関係しています。この「代表」の概念について説明いただけませんか。その後で、「すべての関係者の原理 (all-affected principle)」と「すべての従属者の原理 (all-subjected principle)」とについて伺いたいです。[4]

フレイザー：私は以前の理論で、あなたが言うような正義の2領域、つまり再分配と承認に焦点を合わせていましたが、「代表」の概念は、それに第3の領域として加えたものです。再分配と承認とは大雑把に言って、社会の経済的次元と、社会の身分秩序 (status order) に対応しており、『正義の秤』では、参加の真の平等を妨げるどのような種類の障害が存在し得るのか、を理論化しようとしました。ある人々がフル・メンバーとして、他者と真に平等の立場に立つ者として参加する可能性を妨げる、社会において制度化された堅固な障害についてです。資源を用いることができない人がいるのは、分配の問題でしょう。ジェンダー、エスニシティ、人種、ナショナリティ、セクシュアリティのようなものの故に、不平等な身分であること、正しく承認されないこと (being mis-recognized)、軽蔑されること (being disrespected)、評価されないこと (being dis-esteemed) は、他の種類の障害なのです。

　最初はこの2つ［分配や承認］が必要なものだと思ったのですが、相対的に正しい分配や承認の条件のもとでさえ、人々の参加の平等の機会を妨げる障害があり得るだろうということに次第に気づいていったのです。これらは社会の政治体制から、つまりすべての人の平等の声を否定するだろう公権力が構成される仕方から生じているかもしれないのです。代表には2つの意味があります。1つには、フォーマルな制度に関して投票権のある市民であるのか。2つには、

公共圏と市民社会のインフォーマルな制度に関して，公共圏において話し，聞いてもらい，影響を与える能力を持っているのか。この点において，私は，グローバリゼーションの全問題に関わるはずの区別をしたのです。

　私は，グローバリゼーションがウェストファリア的フレームと呼ばれる問題に投げ込まれつつあると理解しています。誤った考えであるのは，政治の通常の容器が領域国家であり，人々が要求を出し差し向けたりするのはある特定の地域のなかにおいてであり，その同胞市民の間でのみ正義が義務を生み出すとする考えです。グローバリゼーションはかなり早い時期から始まっていただろうし，私たちは帝国主義について語ることができたはずだし，すべての予言的な人々は帝国主義の問題を指摘してきたのです。しかし明らかに，支配をめぐる超国家的な関係が存在しますし，それは分配と承認の両方で不正を行うことができるだけでなく，現に代表の問題に関しても不正を行っているのです。

　私がやろうとしたことは，この代表という第3のカテゴリーを取り上げることです。それは，平等な（equal）声が不平等（disparity）となる問題です。私はこれを2つの異なるレベルで展開しようとしました。最初のレベルは，「通常の政治レベル」です。その単位が何なのかは，周知の通りです。それは領域国家であり，例えば日本，アメリカです。あなたは，「この政治における代表の関係は正しいのか？　すべての市民，すべてのメンバー，すべての住民はほんとうに平等な参加権を持っているのか？」と問うことができます。これは非常になじみのある問いです。あなたは，ある種のフェミニズムの政治と多文化主義の政治が，その境界と市民とが前提にされ，自明視されている政治的共同体のなかで，平等の機会を増大させることを目指していることをご存知でしょう。しかし私は，これだけでは不十分だと気づいたのです。

　参加のメタ政治的関係と私が呼ぶものについても語られるべきです。それは，所与の領域国家が置かれているよりも，もっと広い政治空間に関わっています。ここで，中心と周縁，強国と従属的国家，宗主国と植民地等のすべての問題が現れます。領域国家内における正義に加えて，これら［諸国家間の］の布置の正義に関しても問うていくことは非常に重要です。今日私たちは，いわゆるグ

ローバルな規模で貧しい人々のことを話題にしています。彼らは，非常に貧しい国々，彼らを保護することができずしばしば十分に機能していない国家，非常に脆弱な国家に属しています。彼らは職を得ると，多国籍的な企業から搾取されます。あるいは，おそらくもっと良くないことでしょうが，彼らは世界経済から不本意ながら切り離され，いかなる公的なサーヴィスも受けることなく，スラムに生きていたりすることのために，搾取されています。もしこれらの人々が，自らが属する国家のなかで正義を要求する主張をなし得るかと言うならば，それは望み薄です。実際のところ，私たちが標準的な生活と今持っている特権を享受できるのは，その一部は，これらの共同体や人々から価値が絞り出されているからだと思います。だから，メタ政治的な代表という考えは，私が「ミスフレーミング（誤ってフレームを作ること）の不正（injustices of misframing）」と呼ぶものを扱う際の１つの方法なのです。もし何事かに関して国家の問題としてフレームを作成したとして，実際の問題が超国家的であるならば，それはミスフレーミングです。

　ですので私は，国境を越えるこれらの正義を適切にフレーム化することを考えたのです。私はいわゆる「すべての関係者の原理（all-affected principle）」から出発しました。それはただ単に，例えばアメリカのような強国によって下される決定に影響を受ける者は，たとえアメリカ市民でないとしても熟議（deliberations）において何かを語るべきである，ということを意味しています。

　この原理を，多くの人々が用いています。影響を受ける者が討議に参加する平等の機会を持つべきだというのは，ハーバーマスの討議理論の一部です。非常に標準的な考えですが，私はこれだけでは不十分だと気づいたのです。これでは少し曖昧すぎます。有名な「バタフライ効果（Butterfly Effect）[5]」によるならば，すべての人はあらゆるものから影響を受けていると言えるでしょう——一匹の蝶が羽をパタパタさせて世界を半周することで，いろいろなことが生じますよね。その結果私は，より強力な，より特殊な効果が必要だと感じたのです。すべての効果が平等であるというわけではありません。そう感じた時に，「すべての従属者の原理（all-subjected principle）」の考えを思いついたのです。

それは，人々の相互行為を規制する強制的に執行できる根本規則を作る統治機構（governance structure）に従属している者は，この権力の正統性についての熟議と論議（contestations）への参加者として認められねばならない，という考えです。

今日，領域国家という形態を取っていない多くの統治機構があります。また，多国籍統治機構（transnational governance structures），超国家的統治機構（supranational g.s.），グローバルな統治機構もあります。今日の統治制度はきわめて複雑です。それは，単に国家だけではなく，包括的な諸権力を含んでいます。もし「すべての従属者の原理」を出発点に置くならば，私たちは異なったレベルのあらゆる種類の参加権に対する資格を持つことがわかるでしょう。私たちは今や，市民ではなく，主体（従属者〔subject〕）なのです。市民は，指導者を選ぶ権利を持つでしょうし，もしそれが良いものでなければ放棄する権利，そして政策に対する行動指針（agenda）作成に参与する権利を持ちます。私たちはそういった地位にいません。せいぜい私たちはそれぞれの国のなかで今いる地位にいるだけで，そこですらそれは非常に不完全です。しかし国家を離れるならば，私たちは自分が国際通貨基金，スイス・バーゼルにおける国際決済銀行，国際知的財産保護協会，原子力委員会に従属させられているのを見出します。これらは実に，わずかな例に過ぎません。このような構成体による決定は，私たちの生活に甚大な影響を及ぼします。それなのに私たちは参加権をまったく持っていないのです。したがって私たちは，18世紀の革命前に生きている人々のようです。私たちは，民主的共和国のようなものの市民というより，王に対する臣民（従属者〔subject〕）です。これは民主主義の問題であり，正義の問題です。以上が『正義の秤』のなかで，私が探究しようとしたことです。

日暮：別な問題です。あなたは今3つの原理について語りました。第1のものは代表の原理です。代表の原理は，分配や承認と比較すると何らかのメタ原理なのでしょうか。

フレイザー：もし代表の原理をメタレベルに適用するなら，もちろんそれはメタ原理であると考えられます。しかしあなたはこれをまた，他のもの〔分配の

領域，承認の領域］とちょうど同じところに，つまりより下位のレベルにも適用できます。代表の原理が，社会世界全体を統制する政治的権利の問題に私たちを注目させるものだと考えるのは正しく，その意味で，誤った分配（maldistribution）や誤った承認（misrecognition）や通常政治的な意味で誤った代表（misrepresentation）問題のための解答を見出そうとするなら，代表の原理に向き合うべきでしょう。したがってそういった意味では，代表の原理はメタ地位にあります。しかしまた，不正の3つの領域——分配の領域，承認の領域，代表の領域——は交差しており，そのどれもすべての他のものを解決する鍵ではありません。もしあなたが適切な形で分配的正義や承認を獲得していないならば，より良い代表の関係も持つことはありませんし，逆もまた然りです。したがって，代表のメタレベルが存在するという場合ですらも，私は，それが絶対的な第1の原理であり他のものは副次的であるという考えには反対です。私は，それらはすべて相互に浸透しあっていると言いたいのです。

日暮：それでは，私たちは全理論を何と呼んだらよいでしょうか。正義論ですか。

フレイザー：私はそれを正義論と呼ぼうとしてきましたし——実際そう呼んできましたが——しかし正義論は今や，資本主義に関する理論の規範的領域にすぎません。したがって，そこで立ち止まることはできません。たった今述べたように，私は目下，資本主義を広い意味で全体性として理解しようとしていますし，この体系［正義論］は今や，その理論の規範的部門であり得るだろうと言いたいのです。

第4節　トランスナショナルな公共圏

日暮：さて4番目の質問です。ネオリベラリズムは全世界に広がっており，それに反対する運動も広く展開されています。例えば，世界社会フォーラムやウォール街占拠運動を挙げることができます。私はあなたから，この時代における対抗的公共圏を形成する可能性について伺いたいです。私はあなたの「公

共圏のオルタナティヴな，ポストブルジョワ的な概念」（Fraser, 1997, p.72, 訳 p. 110）に非常に強い影響を受けました。

フレイザー：おっしゃるように，私は，私が育った頃——1960年代，70年代の社会闘争にずっと興味を持ってきましたし，私たちはまた，このインタヴューをこの社会闘争への参加について話すことから始めました。今では，別な種類の闘争が，つまり占拠運動や世界社会フォーラム等があります。私が興味を持っているのは，フォーマルな体制に反対するものとしての市民社会や公共圏の観点から語ることができる政治の局面です。

この点で私は，政治に関するハーバーマスのツー・トラック・モデルに大きな影響を受けています。トラックの1つは，制度，政党，選挙，議会です。もう1つのトラックは，市民社会とインフォーマルな公共圏で，それは社会運動が行われる領域，社会の常識が問われる領域，公的政治行動指針の部分では存在しなかった新しい問題が展開される領域です。占拠運動は，99％対1％というまったく新しいレトリックを始動させました。フェミニストたちは，1970年代にデート・レイプやセクシュアル・ハラスメント——これらはまったく新しい概念でした——といった出来事について話し始めました。彼女たちは，政治的行動指針を転換させたのです。これを考えるには，2つの異なるパラダイムがあります。1つは，ハーバーマスの公共圏パラダイムです。私はそれを「公共圏の再考」（Fraser, 1997, pp.69-98, 訳 pp.107-150）において発展させ，さらにトランスナショナルな公共圏に関して新しい本も出版しました。

私がいつもその影響下で仕事をしてきた，非常に有益で良い考えであるもう1つのパラダイムは，グラムシのヘゲモニー・パラダイムです。これは，［ハーバーマスが扱ったものと］同じ事柄を別の仕方で語ることです。私はちょうど，グラムシについて真剣に研究しようと決心したところです。彼を体系的に研究するのが非常に難しいのは，その著作が分散しており監獄の検閲のもとで書かれたためです。私は，ニュー・スクールの次の秋季セメスターで「グラムシ読解」というセミナールを開講する予定です。本当にたくさん勉強しなければならないので，興奮しています。私が考えようとしている1つの問

題は,「ハーバーマスが見逃したものをグラムシはいかなる形で持っているのか」です。これは私にとってエキサイティングで新鮮な出来事になるでしょう。

　私はハーバーマスの公共圏に関して,1つの主たる論文を書きました。1つはあなたも触れた「公共圏の再考」であり,彼の『公共性の構造転換』についての読みを提示するものです。この本は,英語には遅く1989年頃にようやく翻訳されましたが……

日暮：ベルリンの壁の崩壊の頃ですね。

フレイザー：そうです。私たちは皆,あの本［『公共性の構造転換』］を読んでいましたし,非常に興奮していました。しかし,あの著作はまさしく1960年代のものですし,時代遅れになった部分が少なからずあるように思われたのです。私は70年代や80年代の新しい社会運動に非常に影響を受けましたので,これらすべての問題を取り扱うために,ハーバーマスの公共圏の考えをどのように読み替えなくてはならないだろうかということについて考えたかったのです。また,参加の平等——人々は本当に公共的なものにメンバーとして参加しうるのか否か？　ジェンダーについてはどうか？　レイシズムは？　公共的意見はいかにして真の力を持ち,効果的なものとなり,国家や私的権力を制限できるのか？　私はこのような問題に取り組んだのです。

　それから何年も経って,2007年に私は,これらすべての問題を扱っている「公共圏のトランスナショナライズ（Transnationalizing the Public Sphere）」(Fraser, 2014b, pp. 8-42) という別の論文を発表しました。ハーバーマスはもともと領域国家的フレーム（the territorial state frame）——ウェストファリア的フレーム（the Westphalian frame）——を想定していました。しかし2007年までに,それではだめなのだということが次第にはっきりとしてきたのです。公共的なものがどのようなものであるべきかをフレーム化する別な方法があったし——また,フレーム化と間違ったフレーム化（misframing）という問題もありました。したがってこの「公共圏のトランスナショナライズ」において,私はハーバーマスまで立ち返って論じました。私自身のハーバーマス批判は,今やこのパースペクティヴからのものになっています。今差し上げたのは私の最新刊

(Fraser, 2014b)であり，それは2007年の私のもともとの論文「公共圏のトランスナショナライズ」とそれに対する5つの批判，さらにそれに対する私の応答を収めています。これは論争的な書であり，私はこのような仕事の仕方——対話，討論——がとても好きなのです。

『不正に軽蔑を与えること（*Adding Insult to Injury*）』（Fraser, 2008）という私のもう1つの本は，再分配と承認を扱っています。これには私のもともとの論文「再分配から承認へ？（From Redistribution to Recognition?）」，ローティ，バトラー，フォアストのような人々からの批判，そしてそれらに対する私の応答が収められています。

ちょうど今私は，フンボルト大学の哲学者ラーエル・イエッギ（Rahel Jaeggi）教授と論争的な本を書いています。これはこれまでとはちょっと違うタイプの本です。ホネットとの本（Fraser and Honneth, 2003）では，私たちはそれぞれのセクションを書き，それをお互いに送り合って批判を書きました。イエッギと行っているのは，本当の対話，本当の会話です。これは英国のポリティ出版から出るもので，『ジグムント・バウマンとの対話』『サラヴォイ・ジジェクとの対話』等の対話シリーズの1冊となります。今度の本は，『ナンシー・フレイザーとの対話』になるでしょう。イエッギと私は，資本主義の批判と危機に関する問題を検討しています。先ほどお話しした論文「マルクスの隠れ家の後ろで」に由来する多くのテーマは，この本のなかでもう一度顔を出すことになります。ですので，これは非常に楽しみながら作っている対話本の1つなのです。私は，自分の考えが人々との対話によって最も発展すると思っているからです。

日暮：私も本当にそう思います。今日はどうもお話ありがとうございました。

付記：このインタヴューは，日暮が学外研究でコロンビア大学（ニューヨーク）に滞在時に，2014年5月13日，ニュー・スクール・フォア・ソーシャル・リサーチ大学のフレイザー教授の研究室で行った。インタヴューの展開と氏の理論との関係の詳細な分析は，いずれ稿を改めて論じたい。しかしこのインタヴューを通じて，フレイザーの現在の関心，ひいてはアメリカ批判的社会理論の向かっていくべき方向性——ネオリベラリ

ズムとの対質，グローバリゼーションの視点の導入，マルクス再読の機運，資本主義の規範・文化も含んだ総体的把握，ハーバーマスの批判的再検討，公共圏を多様な観点から再構築する構想等――は見ることができるだろう。翻訳に際して有益なコメントを与えてくれた尾場瀬一郎・百木漠に感謝する。

〈注〉
（1）ボルティモアでは，2015年4月12日黒人男性フレディ・グレイ氏が警察車両で移送される途中に負傷し死亡した。この事件に対する抗議運動は全米に広がり，メリーランド州では州知事が非常事態を宣言し州兵が出動するに至った。
（2）アメリカの1960年代の最大の新左翼的学生組織。
（3）これが，ポランニーを通したフレイザーの現在のネオリベラリズムに対する評価であると考えられる。
（4）この2つの原理の訳については，中村（2014, p.102）を参考にした。
（5）カオス理論において，蝶が飛んでいることがどんな結果を生むか予測しがたいように，ある現象が生む結果を予測できないとすること。2004年には同名の映画も制作された。

〈参考文献〉
中村健吾「第4章　境界線を引きなおして他者を迎え入れる」田中紀行・吉田純編『モダニティの変容と公共圏』京都大学出版会，2014年。
マルクス，K.／マルクス＝エンゲルス全集刊行委員会訳『資本論第1巻1・2』大月書店，1968年。
Fraser, N., *Justice Interrupt*, Routledge, 1997.（仲正昌樹監訳『中断された正義』お茶の水書房，2003年）。
―――, *Scales of Justice*, Polity Press, 2008.（向山恭一訳『正義の秤』法政大学出版局，2013年）。
―――, *Adding Insult to Injury*, (ed.b.Olson,K.), Verso, 2008.
Fraser, N. and Honneth, A., *Redistribution or Recognition?*, Verso, 2003.（加藤泰史監訳『再分配か承認か』法政大学出版局，2012年）。
―――, "Behind Marx's Hidden Abode", *New Left Review*, 86, Mar Apr 2014a.
Fraser, N. et al., *Transnationalizing the Public Sphere*, (ed.b.Nash, K.), Polity Press, 2014b.
Harvey, D., *The Enigma of Capital and the Crisis of Capitalism*, Oxford University Press, 2010.（森田成也・大屋定晴・中村好孝・新井田智幸訳『資本の〈謎〉――世界金融恐慌と21世紀資本主義』作品社，2012年）。

（ナンシー・フレイザー／インタヴュアー・翻訳　日暮雅夫）

あとがき

　ここで，本書『現代社会理論の変貌』が生まれた背景として，現代社会理論研究会について記しておきたい。

　2012年暮れに，日暮雅夫と尾場瀬一郎が呼びかけ人となって，主に関西を中心として現代社会理論を対象としている研究者に声をかけ，現代社会理論研究会を立ち上げた。それは，各人の専門領域を配慮しながら，多様な現代社会理論から各回1冊を取り上げ逐次検討していくという形態であった。取り上げた著作は，フランクフルト学派の批判的社会理論，E．ラクラウ，S．ムフのヘゲモニー論，カルチュラル・スタディーズ，レギュラシオン理論等々の多岐にわたるものである。その批判的検討の過程で，現代社会理論においては様々な位相の違いはあるにせよ，社会総体の発展を「統合・和解と対立・抗争との緊張関係」で捉えるアプローチが共有されているのではないか，という理解が研究会の方向性として浮かび上がってきた。

　本書は，以上のアプローチを共有した上で，各自がそれぞれの専門領域に即して研究を深めていくことによって生まれた。執筆のプロセスで各人のテーマ設定に，大まかな共通理解以外，特段の制限を設けなかった。言いかえるならば，私たちは無理な擦り合わせを避けた。そのため全体の統一性が損なわれるのではないかと危惧されたが，できあがってみればそれとは正反対のうれしい結果となっていることを期待したい。

　現代社会理論研究会は現在も引き続き活動を行っている。本書が，現代社会の諸問題の分析とそれを解決する方途を模索する議論の触媒となり，新しい公共圏形成の一助となることを願っている。

　本書は，立命館大学産業社会学部50周年記念事業・学術出版企画の1つとして出版された。同企画の公募に際して，当研究会は，この日頃の構想を共同執筆で発表する好機と考えた。取りまとめの労を取ってくださった関係各位に感謝したい。ここではその詳細をいちいち挙げないが，立命館大学には，現代

社会理論，公共圏論，市民社会論，格差社会批判論，批判的社会理論等を研究する伝統があり，本書はそれらの学問的伝統を継承している。

　本書出版の手はずを整えてくださった，ミネルヴァ書房編集部の戸田隆之氏に感謝申し上げたい。原稿の執筆が思うように捗らなかったが，入稿するとすぐさま出版準備に取り掛かり本書を仕上げてくれた。その温情溢れる忍耐と，精力的な応援，調整がなければ，本書はならなかったと思う。

　2015年夏

編者一同

事項索引

あ 行

アクティヴィスト　11,119,173
アメリカ批判理論　11
イラン・イスラム革命　149
ウェストファリア的フレーム　11,37,180,185
ウォルフェンデン委員会　129
「ウォルフェンデンレポート(『スポーツとコミュニティー』)」129
「うたうたうた フォーク・リポート」115,118
エコロジー　11,175,177
エスニシティ　1,5,15,179
エスニック　3
エンコーディング／デコーディング　106,122

か 行

階級　46-50,58-60
活動　9,63-65,68,69,71-74,77,79-81
活動的生活　71,82,83
カルチュラル・スタディーズ　2,8,10,39,105-109,121,123
「かわら版」117,118
間主体主義　15,21
カント主義　1,15,16
議会主義化　131,132
企業社会　98
規範的再構成　17-20,24-26,28,30,31,34,35
『宮廷社会』145
9.11同時多発テロ　149,150
共同体主義　1,15
空間　10,12,85,87,88,90-92,102,105,107-110,113,119-121
『空間の生産』10
グローバル　6
グローバル化(グローバリゼーション)　1,11,15,16,35,179,180,187
経済主義　40,50,52-54,60
啓蒙　152
言語論的転回　21
原理主義　1,5
合意　31,90,94
公開性　3
公共圏 Public Sphere　1-7,10-12,16,25,27-30,37,65,73,80-82,110,112,113,116,120-122,150,152,155,165-169,180,184-187
『公共圏に挑戦する宗教』151
公共圏の再封建化　56
公共性　9,12,64,73,77,78,80,83
公共性＝公開性 Öffentlichkeit　79
『公共性の構造転換』2,12,13,112,122,185
構造＝機能主義　130,132
構造主義　108,174
興奮の探求　128,145
『獄中からの手紙』58
『獄中ノート』8,40,41,43-45,51,59,60
コスモポリタニズム　35
国家神道　158
コミュニケーション　21,26
コミュニケーション空間　28
『コミュニケーション的行為の理論』12,13
コミュニティ　89,90,92,99
コンフリクト　19,87,90,92,96,100

さ 行

差異　1,17,88
再分配　11,174,179,186
サウンド・デモ　119
搾取　86,177,181
サンジカリズム　52-54,60
SEALDs　7
ジェンダー　1,3,15,179,185
仕事 work　7,9,63-82

『事実性と妥当性』 32,36,38
市場 1,2,4,8,9,15,16,18,19,25-29,31-34,36,85,86,88,89,91,99-102,176,177
自然 63-67,70,75,76,82
史的唯物論 52-54,60
指導 41,44-47,50,52,94
資本 77,93
資本主義 1,4,6,18,26,29,37,69,70,75,93,96,99,121,175,177,183,186,187
『資本論』 69,106,175,176
市民社会（論） 9,12,25,27,51-53,86,92-99,101-103,180,184
市民社会派 97
市民的公共圏 2,4,6,29,35
市民的不服従 12
社会空間 88,112
社会集団 44,45,48,50,51,54,58-60
社会諸集団 59
社会的自由 8,15,16,22-27,29-32,36
社会的自由論 34
社会的なもの 63,74,75,78,81
社会闘争 8,15,16,19,29,30,33-36,184
社会文化 5,36
宗教 2,8,10-12,149-157,160,162-169,171
宗教的基礎づけ 163
『自由の権利』 8,15,16,18,20,22,25,26,30-37
熟議 22,24,27,28,155,166,168,169,181,182
「受験生ブルース」 118
常識 42,47-50,54,57,59,94,97
承認 11,16,23,32,88,174,179,180,182,183,186
『承認をめぐる闘争』 2,8,15,16,30-32,38
上部構造 52,58
諸階級 58,60
諸社会集団 60
人為（ノモス） 67,75
信教の自由 159-161
人種 179
新宿駅西口 118-121

身体的およびスポーツ的活動の組織および促進に関する法（アヴィス法） 138
神道指令 163
人民的公共圏 56
スカーフ問題 11,152,167
スケープ 118,120,121
すべての関係者の原理（all-affected principle） 179,181
すべての従属者の原理（all-subjected principle） 179,181,182
スポーツ 2,8,10,11,127-130,132-137,139-146
スポーツカウンシル 130
スポーツ基本法 127
スポーツ権 127,130
『スポーツ・権力・文化──英国民衆スポーツの歴史社会学』 141,144
スポーツ庁 127
スポーツの変換能力 144,145
スポーツ・フォー・オール（みんなのスポーツ） 10,128-130,137-140,143,145
スポーツ立国戦略 127
『正義の他者』 38
『正義の秤』 179,182
政教分離 152,153,159,161,166,167
政教分離原則 11
政治的意思形成 22,34
政治的意思形成過程 4,5,36
政治的意思決定 90
正統化 45,161,162
正統性 167
制度（諸形態） 9,18,23-25,27,86-88,177
制度階層性 90
世界 9,63,65-68,70-82
世界性 72-74,77,81
世界疎外 word alienation 9,63,72-74,77,78,81,82
セクシュアリティ 1,3,15,179
世俗化(論) 11,149,155,170
世俗主義 11,153
『世俗の時代』 153

相互承認　22,23,25,33
相対的自律性　106
ゾーエー　76

た　行

体育およびスポーツの発展に関する法律（マゾー法）　137
体育・スポーツ国際憲章　138
対抗運動　145,146
対抗的公共圏　3,6,12,184
第三世代　7,8,15,36
大衆　47-50,53-57,72,73,78,82
代表　11,179,180,182,183
妥協　4,54,87,90
多文化主義　180
蓄積体制　87,95,98
知識人　12,47,51,56,57
賃労働関係　86
ツー・トラック　4,184
『ディスタンクシオン』　135,138,147
手続き　22,24,36,87
討議　2-4,21,23,29,31,34,181
東京フォーク・ゲリラ　10,105,115,117-119,121
闘争のアリーナ　4,10,127,128,144
動物化　65,72
動物的生（ゾーエー）　64
都市空間　119-121
土台　52
トランスナショナライズ　185,186
トランスナショナル　6,11,184
トランスナショナルな公共圏　35,37,183

な　行

内在的　18
内在的批判　36
ナショナリズム　5,35
ナショナリティ　179
2020年東京オリンピック・パラリンピック　10,127,128
日本遺族会　163

ネオリベラリズム　1,3,4,13,15,21,27,33,34,183,187
ネオリベラル　26

は　行

ハビトゥス　23,88,92,135,139,140
反省的自由　8,16,20-24,31,36
非正規雇用（労働）　4
必然性 necessity　64,66,67,70,76,77,80-82
必要（必然）　76
否定的自由　8,16,20,22,24,35,36
批判　18
批判的再構成　8,16,33
批判的社会理論　15,187
批判理論　12,173,174
ピュシス　67,75
フェミニスト　184
フェミニズム　173,180
フォーク・ソング　10
フォーク・ソング運動　114,115,117,120,121
フォーク・ソング論　8
福音派　149
複合的全体　10
福祉国家　10,19,26,101
福祉国家政策　128,130
複数性　72-74,77,81
物質代謝　64
フランクフルト学派　7,8,15
文化的・社会的ブロック　56
文明化過程　131,133,145
文明化過程論　131-134
『文明化の過程』　131,133
ヘイト・スピーチ　5
ヘーゲル主義　8,15,16,30,33,174
ヘゲモニー　3,7,8,12,35,36,39-47,50-58,87,93-95,100,144,184
ヘゲモニー概念　2
ヘゲモニー装置　51
ヘゲモニー闘争　144
ヘゲモニー論　7,37,39,40,44,46,50,52,53,

57, 58, 141, 143
ヘゲモニック　95
ベ平連（ベトナムに平和を！　市民連合）
　115
『法哲学』　18, 20, 22, 25, 32, 37, 38, 51
暴力（抑制）　131, 132, 134
ポスト・ウェストファリア　37, 179
ポスト・セキュラー　11, 149-151, 155, 156,
　167, 170, 171
ポスト・セキュラー論　10
ポストモダン　1
ポピュリズム　5
本源的蓄積　176, 177
翻訳　150, 156, 157, 163-169, 171

ま 行

マルクス主義　51, 60, 86, 97, 132, 141, 143,
　174
マルクス主義者　177
マルクス理論　93
マルチチュード　109, 110, 119
民主的意思形成　29, 31, 35
民主的意思形成過程　28, 32, 34
民主的公共圏　28, 36

民主的法治国家　4, 6, 28-30, 32, 34, 36
「矛盾と重層的決定」　107

や 行

靖国神社　11, 157-166, 168, 169
URC（アンダーグラウンド・レコード・ク
　ラブ）　114, 118
URC レコード　115
ヨーロッパみんなのためのスポーツ憲章
　138

ら 行

螺旋　16, 19, 24, 25
立憲　13
立憲主義　1, 6
良識　48, 49, 54
レギュラシオン　93
レギュラシオン学派　2, 7, 9, 85-88, 91-94,
　96, 97, 99, 100, 102
労働 labor　1, 4, 9, 18, 27, 32, 63, 64, 66-73,
　75-77, 79-82, 86
労働／仕事／活動　77, 80-82
労働する動物　71-73, 82

人名索引

あ 行

アーペル, K.-O. 21
アーレント, H. 1,7,9
アドルノ, Th.W. 36
アパデュライ, A. 109,120
アリストテレス 63,71
アルーザ, C. 175
アルチュセール, L. 105-108,122
粟谷佳司 10
イエッギ, R. 186
石井伸男 67,68
石川健治 13
市井吉興 10
岩崎稔 15,37
ヴァン・デン・ブリンク, B. 36,38
ウィリアムズ, R. 39,107,122
ウェーバー, M. 68
ヴェルマー, A. 36
江口友朗 9,103
エリアス, N. 8,10,127-136,140,141,145,146
小倉エージ 115,117
オズボーン, P. 36,37
尾場瀬一郎 8,47,187

か 行

カサノヴァ, J. 170
片桐ユズル 116
ガタリ, F. 109
カノヴァン, M. 70
ガブリエル, R. 35
川崎修 74
カント, I. 20,21
クーン, Th. 174
クラーセン, R. 26,33,34,37
グラムシ, A. 2,7,8,39,86,93-95,100,141,143,184,185

グルノー, R. 132
グレゴリー, D. 111
クローチェ, B. 53
小泉純一郎 11,151,157-162,169
コスピート, G. 52

さ 行

サイード, E. 39
齋藤純一 3,13,79
サルトル, J.P. 36
ジェルラターナ, V. 39-41,44,58
シュタール, T. 36,38
スミス, N. 110
住家正芳 10
セリカテス, R. 37

た 行

高石友也 116,118
高山智樹 35,37
田中紀行 12,13
ダニング, E. 128-130,132
テイラー, Ch. 8,11,15,151-154,156,160-162,167,169,171
デューイ, J. 28
デュルケーム, É. 26-28,99
ドゥルーズ, G. 109
トクヴィル, A. 174
ド・セルトー, M. 108

な 行

中川五郎 117,118
中曽根康弘 164
中西新太郎 35,37
中村健吾 187
ニューハウザー, F. 36,38
ネグリ, A. 109,119,122
ノージック, R. 36

は 行

ハーヴェイ，D. 110,114,121,122,176,187
ハーグリーヴズ，J. 8,10,128,140-145
パーソンズ，T. 17,130
ハート，M. 109
ハーバーマス，J. 1-5,8,10-13,15,16,21,
　23,30-32,34,36-38,112,113,116,122,
　149-152,154-157,161-171,174,184,185,
　187
バーランド，J. 109,111
ハイエク，Fr.v. 15
バトラー，J. 186
花田達郎 12,13
日暮雅夫 8,11-13,15,16,27,34,37,186
平田清明 49,61,86,92-94,96-98,100-102
フィスク，J. 108
フィンケ，S. 36,37
フーコー，M. 142,143,174
フォアスト，R. 186
二木信 119,123
プルードン，P.J. 174
ブルデュー，P. 8,10,88,92,99,127,128,
　134-141,145
フレイザー，N. 8,11-13,37,38,112,122,
　173,175,179,184-187
フローベール，G. 174
ベイネス，K. 4,13
ヘーゲル，G.W.F. 17,18,20,22-27,32,
　35-38,51,102
ベックフォード，J. 170,171
ベンハビブ，S. 68
ホール，S. 39,106,107,122,144
ホーン，J. 129,132

ボッビオ，N. 39-41,54,59
ホッブズ，Th. 20
ホネット，A. 2,7,8,15-38,186,187
ポランニー，K. 177,187
ホルクハイマー，M. 36
ボワイエ，R. 86-88,90,92

ま 行

松田博 39,41,57,58
マルクス，K. 9,58,64,69-71,73,82,86,92,
　93,98,106,108,174-178,186,187
ミッチェル，D. 112,113,120
室謙二 119,123
百木漠 9,187
森川輝一 68,80
モルデンティ，R. 58-60

や 行

山口定 6,12,13
山田鋭夫 92,96-99,101
ユーゴー，V. 174
吉田純 12,13

ら 行

リグオーリ，G. 42
リピエッツ，A. 91
ルソー，J.-J. 20,21
ルフェーヴル，H. 10,105,108,110-113,
　120-122
レスラー，B. 37
ローティ，R. 186
ロールズ，J. 1,15
ロック，J. 20

執筆者紹介

日暮雅夫（ひぐらし・まさお）執筆分担：序章，第1章，第8章，あとがき
　編著者紹介参照

尾場瀬一郎（おばせ・いちろう）執筆分担：序章，第2章，あとがき
　編著者紹介参照

百木　漠（ももき・ばく）執筆分担：第3章
　1982年　奈良県生まれ。
　2015年　京都大学大学院人間・環境学研究科博士後期課程単位取得退学。
　　　　　博士（人間・環境学）京都大学。
　現　在　日本学術振興会特別研究員（PD）。立命館大学産業社会学部非常勤講師。
　主　著　「〈労働する動物〉と全体主義──アーレントのマルクス批判はいかなる思想的意義をもつか」『社会思想史研究』第37号，2013年。
　　　　　「〈労働する動物〉に「政治」は可能か？──ハンナ・アーレントの労働運動論から」『唯物論研究年誌』第18号，2013年。
　　　　　「ハンナ・アーレントの労働思想──「労働のキメラ化」に抗して」『唯物論と現代』第52号，2014年，など。

江口友朗（えぐち・ともあき）執筆分担：第4章
　1975年　北海道生まれ。
　2006年　名古屋大学大学院経済学研究科社会経済システム専攻博士後期課程修了。
　　　　　博士（経済学）名古屋大学。
　現　在　立命館大学産業社会学部現代社会学科准教授。
　主　著　『5つの資本主義──グローバル時代における社会経済システムの多様性』（共訳）藤原書店，2005年。
　　　　　「タイにおける家計間での相互扶助の実態に関する一試論」『経済科学』第60巻第4号，2013年。
　　　　　「ミクロ・マクロ・ループ論における制度と主体」『季刊経済理論』第42巻第3号，2005年，など。

粟谷佳司（あわたに・よしじ）執筆分担：第5章
　1968年　大阪市生まれ。
　2003年　同志社大学大学院文学研究科社会学専攻博士後期課程満期退学。
　現　在　立命館大学産業社会学部准教授。
　主　著　『音楽空間の社会学──文化における「ユーザー」とは何か』青弓社，2008年。

KCR Anthology : Journalism, Communication, and Policy（共著）Keio University Press,
　　　2016近刊．
　　　『限界芸術論と現代文化研究――戦後日本の知識人と大衆文化についての社会学的研究』
　　　ハーベスト社，2016年近刊。
　　　「戦後日本の知識人と音楽文化」『立命館産業社会論集』第48巻2号，2012年。

市井吉興（いちい・よしふさ）執筆分担：序章，第6章，あとがき
　　編著者紹介参照

住家正芳（すみか・まさよし）執筆分担：第7章
　1973年　大阪府生まれ。
　2001年　東京大学大学院人文社会系研究科基礎文化研究専攻宗教学宗教史学専門分野博士課程単
　　　　　位取得退学。
　　　　　博士（文学）東京大学。
　現　在　立命館大学産業社会学部准教授。
　主　著　「ナショナリズムはなぜ宗教を必要とするのか――加藤玄智と梁啓超における社会進化
　　　　　論」『宗教研究』376号，2013年。
　　　　　「内村鑑三はベンジャミン・キッドをどう読んだか――社会進化論の影響の一断面」『立
　　　　　命館産業社会論集』48巻4号，2013年，など。

ナンシー・フレイザー（Nancy Fraser）執筆分担：第8章
　1947年　アメリカ・ボルティモア生まれ。
　1980年　ニューヨーク市立大学大学院博士号取得。
　現　在　ニュー・スクール・フォア・ソーシャル・リサーチ大学政治社会学部教授。
　主　著　『中断された正義』仲正昌樹監訳，御茶の水書房，2003年。
　　　　　『再分配か承認か』（共著）加藤泰史監訳，法政大学出版局，2012年。
　　　　　『正義の秤』向山恭一訳，法政大学出版局，2013年。
　　　　　Fraser, N., et al., *Transnationalizing the Public Sphere*, (ed.b.Nash, K.), Polity Press,
　　　　　2014.

《編著者紹介》

日暮雅夫（ひぐらし・まさお）
- 1958年　埼玉県生まれ。
- 1992年　早稲田大学大学院文学研究科哲学専攻博士後期課程単位取得退学。
　　　　博士（文学）早稲田大学。
- 現　在　立命館大学産業社会学部教授。
- 主　著　「承認論の現代的座標――ホネット社会理論の展開」『思想』岩波書店，2002年3月号，No.935。
　　　　『討議と承認の社会理論――ハーバーマスとホネット』勁草書房，2008年。
　　　　『概説　現代の哲学・思想』（共著）ミネルヴァ書房，2012年。
　　　　『承認――社会哲学と社会政策の対話』（共著）法政大学出版局，2016年予定。

尾場瀬一郎（おばせ・いちろう）
- 1966年　福岡県生まれ。
- 1999年　立命館大学大学院博士課程（応用社会学）修了。
　　　　博士（社会学）立命館大学。
- 現　在　立命館大学産業社会学部非常勤講師。
- 主　著　「グラムシ『獄中ノート』における常識論の位相」『社会思想史研究』藤原書店，2015年。
　　　　「イタリア・サルデーニャ紀行――グラムシの家博物館を訪ねて」『立命館産業社会論集』第48巻・第2号，2012年。
　　　　「マックス・ウェーバー」・「グラムシ」『西洋思想の18人』（共著）梓出版社，2008年，など。

市井吉興（いちい・よしふさ）
- 1970年　埼玉県生まれ。
- 2000年　立命館大学大学院社会学研究科後期課程修了，博士（社会学）。
- 現　在　立命館大学産業社会学部教授。
- 主　著　「第18章　超大国の明暗――アメリカ（5）」小澤卓也他編『教養のための現代史入門』ミネルヴァ書房，2015年。
　　　　「成長戦略とスポーツ政策――観光立国・スポーツ立国・新自由主義型自由時間政策」『立命館言語文化研究』25（4），2014年。
　　　　「マルクス主義的スポーツ研究の課題と展望――日本とイギリスの研究からその変遷と課題を素描する」（共著）『スポーツ社会学研究』19（1），2011年。

立命館大学産業社会学部創設50周年記念学術叢書
現代社会理論の変貌
——せめぎ合う公共圏——

2016年1月25日　初版第1刷発行	〈検印省略〉
	価格はカバーに表示しています

編著者	日暮　雅夫
	尾場瀬一郎
	市井　吉興
発行者	杉田　啓三
印刷者	藤森　英夫

発行所　株式会社　ミネルヴァ書房
607-8494 京都市山科区日ノ岡堤谷町1
電話代表 (075)581-5191
振替口座 01020-0-8076

ⓒ日暮・尾場瀬・市井ほか，2016　　亜細亜印刷・兼文堂

ISBN978-4-623-07504-1
Printed in Japan

立命館大学産業社会学部創設50周年記念学術叢書
（Ａ５判・上製・本体5500円）

労働社会の変容と格差・排除
　　――平等と包摂をめざして――
　　　　　　　　　　　　　　　　櫻井純理／江口友朗／吉田　誠 編著

現代社会理論の変貌
　　――せめぎ合う公共圏――
　　　　　　　　　　　　　　　　日暮雅夫／尾場瀬一郎／市井吉興 編著

社会保障の公私ミックス再論
　　――多様化する私的領域の役割と可能性――
　　　　　　　　　　　　　　　　　　　　　松田亮三／鎮目真人 編著

ポスト工業社会における東アジアの課題
　　――労働・ジェンダー・移民――
　　　　　　　　　　　　　　　　筒井淳也／シン・グワンヨン／柴田　悠 編著

メディア・リテラシーの諸相
　　――表象・システム・ジャーナリズム――
　　　　　　　　　　　　　　　　浪田陽子／柳澤伸司／福間良明 編著

――――― ミネルヴァ書房 ―――――
http://www.minervashobo.co.jp/